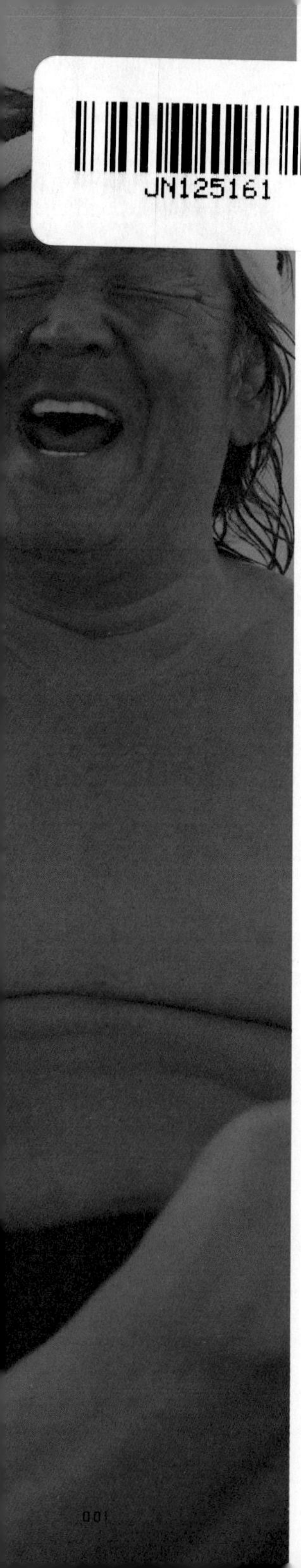

AMINOGE

Nº 115

Cover PHOTO
©PRO-WRESTLING NOAH

PETIT KASHIMA

俺の人生にも、一度くらい幸せなコラムがあってもいい。

VOL.114

噛みつかないのか？

プチ鹿島

プチ鹿島（ぷち・かしま）1970年5月23日生まれ。芸人。TBSラジオ『東京ポッド許可局』（土曜日26:00-27:00）出演中。

このコラムが読まれる頃は、3度目の緊急事態宣言は解除されている（はず）。東京五輪もやるのかやらないのかいよいよハッキリされている（はず）。どちらも「〜のはず」がむず痒い。もちろん五輪は政府も東京都もやる前提で進んでいるのだけど、驚くほど何も説明していない。コロナ禍でやる意義も安心の根拠も。

そんな態度に産経新聞は『開催意義をあいまいにしたまま「安全・安心」を繰り返しても、国民の理解は広がらない。菅義偉首相にはそこを明確に語ってもらいたい』（5月28日）と書き、朝日新聞は『順守すべき行動ルールも詳細まで決まっておらず、このままではぶっつけ本番で大会を迎えることになる』（5月26日）と書いた。十分な準備をしてトップアスリートになった人たちを迎える大会がぶっつけ本番って皮肉すぎないか。

しかし菅首相は「安全・安心」とAIのように繰り返し、IOC委員は刺激的な言葉を連発。「犠牲を払わなければ」とか「アルマゲドン以外はやる」とか。バッハ会長は「自信を持って東京にきて」と言いだした（ご自分は緊急事態宣言下での来日は取りやめていた）。IOC委員のこれらの発言を「国民感情を逆撫でする」と各紙は書いた。この大ヒール感すごいなぁ。IOC、大化けしたなぁ。

こんな展開になると元気なのは東スポである。かつてプロレス報道が華やかだった頃、東スポは来日する外国人レスラーの異名を付けるのが得意だった。その伝統がいま大ヒールとなったIOC相手に発揮されているのだ。

バッハ会長の「ぼったくり男爵」に乗じて、東スポは緊急事態宣言が出されていても五輪を開催すると言ったコーツ氏を「はったり男爵」と名づけた。東スポ紙面では〝ぼったくり&はったりコンビ〟と報道。まるであの頃のシン・上田組のような躍動感である。

それにしてもIOCは東京に対してなぜここまで冷酷なのだろう。記事を調べてみたら昨年11月のバッハ来日時にヒントがあった。「東京と北京は同じ東アジアで開催時期も近く一蓮托生。IOCは、東京が倒れたら、北京にまで影響が及ぶことを懸念している」（2020年11月17日・毎日新聞）との解説があった。

つまり、バッハは東京よりも太いスポンサーが多い中国にすでに夢中だった可能性がある。東京がどんな状況であろうと中国のためにやれという心境のよう。それなら「犠牲を」とか「緊急事態宣言下でも」と平気で言うのも理解できる。まるで日本は中国の噛ませ犬ではないか。

それだけではない。あるIOC委員は「東京にはミシュランガイドのレストランが多いのに、食を楽しむ機会が制限されている」と不満を示した（5月29日・毎日新聞）。

日本国民が酒を飲んだり密会したり〝不健全とされることを楽しむ自由〟を制限しているのに、五輪貴族はとてつもなく不健全でいかがわしい。さらに『週刊文春』6月3日号は『「天皇に会わせろ」バッハよ、何様だ』と報じた。

もうやりたい放題である。東スポ的な展開ならここまで国民の怒りと不満が溜まったら日本側のエースが迎え撃つ。力道山以来の伝統である。しかし東京五輪ではそれがない。むしろ土下座してありがたがっている感。

誰か、噛みつかないのか!? 噛ませ犬のままでいいのか？ 日本の政治家は揉み手で迎え、主な全国紙はスポンサーとしてバッハやコーツを支えているだけでいいのか？

サンスポのコラム「甘口辛口」は「五輪の蜜を吸おうと群がる国々から神様の如くあがめられおごり高ぶった揚げ句、地に落ちたのがIOCではないか」（5月24日）と書いた。その通りの指摘だが、蜜を吸おうと思っていたら吸われつくしていたというのが日本の現実でもある。

こんな状況では誰も噛みつくことはできないだろうな…。そんなことを思っていたらある著名人のブログに目が釘づけとなった。タイトルは『何が何でも五輪は開催か…』（5月23日）。

冒頭を引用させてもらう。

《なにが何でも五輪はやるんだな…これだけ国民が延期又は中止を求めても国はやるのか…？ いま現在コロナで重症患者が亡くなってるこの現実も無視されるのか…それでも日本は死者数がまだ少ないとか…？ だから開催も大丈夫だと!?》

この素晴らしいマイクアピールのような叫び。読んでいくと最後はこうだ。

《小池さん今の貴方は都民ファーストではないですね！ もうそろそろ決断を…長州力》

あ、長州力！ 誰も噛みつかない状況で長州が叫んだ。俺は噛ませ犬じゃないぞという叫びにも聞こえる。

このブログが書かれた日は、地方紙の信濃毎日新聞も五輪中止を求める社説を先がけて書いて話題を集めた。そんな日に長州さんも同じく叫んでいたのである。

一応言っておくと、五輪中止を訴えたから素晴らしいと私は言っているのではない。開催の意義や具体策を説明されずに多くの人が悶々としていたときに叫んだタイミングが素晴らしいと思ったのだ。

多くの「観客」がハッとなるタイミングでの絶妙な叫び。長州力の嗅覚はいまも健在だった。

1180 日ぶりに命懸けの
ムーンサルトプレス発射 !!!!

『CyberFight Festival 2021』
2021 年 6 月 6 日：さいたまスーパーアリーナ
[GHC ヘビー級選手権試合]
○丸藤正道（23 分 30 秒、虎王・零→体固め）武藤敬司×
※第 34 代王者が 3 度目の防衛に失敗。
丸藤が第 35 代王者となる。

KAMINOGE NATURAL BORN MASTER

まさにイチかバチか。ヒザが人工関節なのに、
なぜ男はムーンサルトプレスを飛んだのか?!

収録日：2021年6月11日
撮影：タイコウクニヨシ
試合写真：© プロレスリング・ノア
聞き手：堀江ガンツ

[プロレスリング・ノア]

武藤敬司

「試合の中でストーリーを生み、
フィニッシュっていうものを作るのは
レスラーにとっては絶対のテーマ。
そこでどうやって説得力を
生んでいくかがおもしろさであるし、
追求のしがいが
ある道だと思っているよ」

「主治医から女房にすぐメールがきた。『もし折れたら、歩けなくなる可能性ではなく確実に歩けなくなりますよ』って」

――6・6『サイバーファイト・フェスティバル2021』（さいたまスーパーアリーナ）での丸藤正道選手とのGHCヘビー級タイトル戦でムーンサルトプレスを解禁してから5日が経ちましたけど、ヒザの状態はいかがですか？

武藤　まあ、結果論で言うと大丈夫だったけど、いろんな人に心配をかけてしまったことに対してちょっと反省はしているよ。女房とか家族、お医者さんにも心配をかけて。あとはツイッターでもファンの人たちがかなり心配してるからさ、「もしかしたらプロの仕事をしてないのかな？」と思ったりとかして。

――でも、それを超えてファンに衝撃と興奮を与えていたと思いますけど。

武藤　いや、本来いまの自分の器量が100だとしたら、その100以内でお客を満足させなきゃいけないんだけど、120出してしまった気もするし。だけどプロレスってアートだからさ。追求したくなっちゃう自分もいるわけだよ。

――無理は禁物だけれど、限界ギリギリに挑戦したくなってしまうと。

武藤　でも、やってから少し後悔もしてるよ。要はムーンサルトってね、調整が難しいんだよ。（ケガするかどうか）時の運っていう部分が凄くあるんだよ。**武藤**　重力に逆らえないから。

――遠心力で一気にいくから、飛んだあとは武藤さん自身、運を天に任せるしかないわけですね。

武藤　案の定、今回もヒザへの衝撃の圧っていうのをすげえ感じたんだよ。たまたま折れなかっただけであって、何かちょっと違ってたら折れてたかもしれないわけだ。そういうことを考えるとちょっと反省もしてるよ。

――実際、かなりヒザをマットに打ちつけてましたからね。今回はたまたま運がよかっただけだと。

武藤　〝ヒザ応え〟っていうのが凄くあったからさ。もしそれでボキッと折れて治らないとなれば車椅子状態だよ。そうなっていたら、こんな取材も受けていられないし。そういうことを考えるとゾッとしたりするよ。

――2月の潮崎戦後にインタビューしたとき、武藤さんは「飛ぶだけならやろうと思えばできるはできるけど、もし失敗したら歩けなくなる可能性があるからやっぱできねえよな」って言っていたんですよ。

武藤　それは本心で言ったことだよ。今回の試合後、主治医から女房にすぐメールがきたしね。「もし折れたら、歩けなくなる可能性ではなく、確実に歩けなくなりますよ」っていう。

——主治医から警告文みたいなメールが来ちゃいましたか(笑)。

武藤　あとはファンに対して、「もう飛ばない」と言っていたのに飛んだという、〝ルール違反〟をしてしまったことへの罪悪感もあるし。

——でも「もう飛ばない」は嘘だったわけではなく、人工関節手術をしたときは、もう飛ぶつもりはなかったんですよね？

武藤　そりゃそうだけど、ズルい自分もいるわけであって。「これは飛べば盛り上がるな」っていうのが最初からわかっているんだから。それを利用したっていう自分もいるわけでね。

——ハイリスク・ハイリターンな切り札を持っていて、それを「いつかは使うことになる」というふうに思われていたんですか？

武藤　「使わずに終わるかもしれないけど、いつかは使うことになるかもしれない」とは思っていたよ。ただ、果たしてこのタイミングだったのかどうなのかは、自分の中でもわからない。

——今回、武藤さんの中では「ここだ！」と思ったから、出したわけですよね？

武藤　そうだね。今回、嫌なことに「トリプルメインイベント」と謳われて、前の2試合以上のものにしなきゃいけないという意識があったし。あとは少なからず「ノアの代表」という看板を背負ってるつもりでもいるからさ。間違いなく最後を締められるパーツとして「ムーンサルトをやる」という考えになったんだよ。

——確実にいちばん盛り上げるためには、ムーンサルトを出すしかなかったと。

武藤　だから、もしかするとそこが俺の未熟さでもあるわけだよ。ホントは違った締め方もできたかもしれないわけだから。

——本来であればムーンサルトを使わずにそれができなきゃいけないという思いもあると。

武藤　そうそう。まあ、それが俺の伸びしろだと思ってがんばっていくしかないよな。

——正直、今後またムーンサルトを使うわけにもいかないですからね。

武藤　もう使えねえよ。

——使ったとしても、今回以上のインパクトは難しいでしょうからね。それだけに、やはりあのムーンサルトのインパクトは絶大でしたけど。

武藤　まあ、おおむね高評価をいただいたり、ヤフーニュースのトップに出たりもしたみたいだからさ。まあ、使ったら使ったで少しは話題になるだろうと思っていたけどね。

——GHCを奪取した2月の潮崎戦では、コーナーに登ったけれどムーンサルトは出さなかったじゃないですか。だから、もう出せないものだと思い込んでいました。

武藤　本来なら今回だって、ムーンサルトを出す必要もなかったんだよ。負けてるんだからさ（笑）。

――結果的に、ムーンサルトがアダとなって王座陥落ですからね（笑）。

武藤　でも、それはアーティストとしてさ、俺のGHCというのは潮崎戦がスタートで、丸藤戦まででひとつの作品なわけだ。その中でスタートと終わりが一緒じゃ、そんなに美しくもねえからさ。

「普段よりどうしても観る人が少ない閉じた世界でムーンサルトをやってもいいものかと思ってさ」

――ムーンサルトを解禁したことでヒザを痛打しての敗戦。あれ以上の説得力があるフィニッシュは逆にないですもんね。

武藤　まあね。だけどムーンサルトの前までも俺は嫌いな試合ではなかったよ。いい緊張感もあったし。

――緊張感がずっと途切れず、尻上がりに盛り上がる試合でしたよね。

武藤　いい感じだったけど、最後はムーンサルトを出さざるを得なかったかな。

――観客も武藤さんがコーナーに上がったところまでは、武道館の潮崎戦ほどはザワザワしていなかったんですよ。「まあ、やらないだろ」と（笑）。それがいい意味で裏切られたから、コロナで声を出したらいけない観客も思わず大歓声を挙げましたよね。

武藤　ただささ、あの日は『サイバーファイト・フェス』という形で、ノアのファンが何割を占めているのかもわからねえし、下手したらDDTや東京女子のファンは、俺の武道館での試合のことや、もしかすると俺が人工関節のままプロレスをやってることすら知らないんじゃないかと思ったりもしてさ。

――いや、それはさすがに知られていましたよ。

武藤　伝わってたのかな？　でも考えちゃうんだよ。俺の普段の試合はABEMAで配信されていて、あれはタダだから観る人も多いんだよ。でも、今回の『サイバーファイト・フェス』は、レッスルユニバースという有料課金動画サイトだから、普段よりどうしても観る人が少ないわけだ。どうせなら多くの人に観られたいじゃん。レッスルユニバースという閉じた世界でムーンサルトをやってもいいものかと思ってさ。

――丸藤戦をもしABEMAでやっていたら、「武藤」「ムーンサルト」が、ツイッターのトレンド1位になっていた可能性が高いですよね。

武藤　そうでしょ？　だからそういうことを考えるとさ、「こ

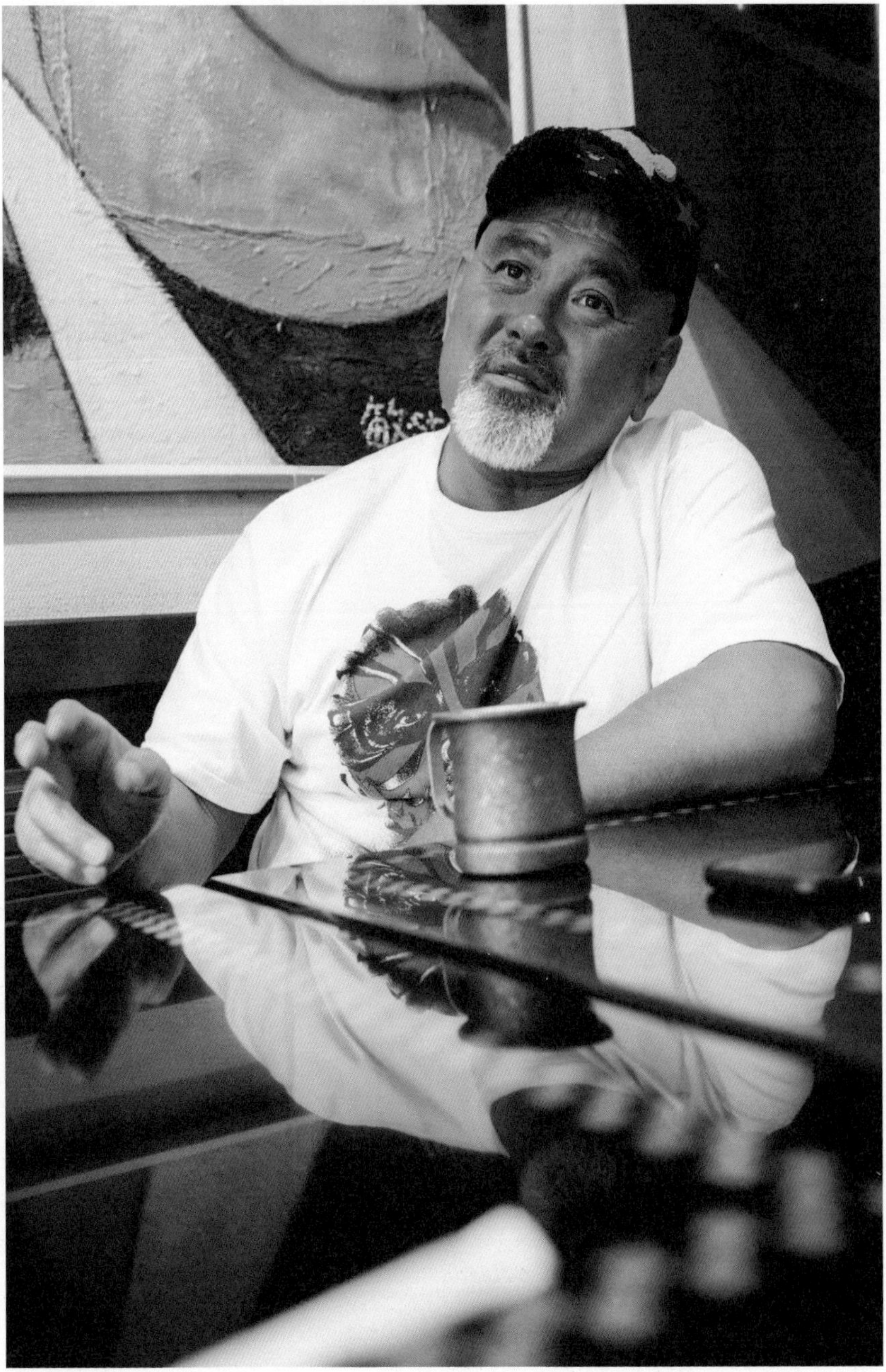

こで出して果たしてよかったのかな?」と考えたりね。

——でも今回は観客の動画撮影がオッケーだったじゃないですか。

武藤　あっ、そうなの?

——そうだったんですよ。入場曲とかはダメなんですけど、試合中の動画撮影はオッケーで。

武藤　普段は違うの?

——ノアに関しては動画はダメですね。だから今回は動画撮影解禁だったので、ムーンサルトを撮っている人がたくさんいて。それをみんなツイッターにあげていたので「武藤　ムーンサルト」で検索すると、いろんな人があげた武藤さんのムーンサルト動画がずらーっと出てくるんですよ。それぞれの撮影者の驚きの叫びとともに(笑)。

武藤　じゃあ、それはそれでよかったのかな。

——「会場に観に行けばよかった」とか「レッスルユニバースでリアルタイムで観ればよかった」みたいな声も多かったので、よかったと思いますよ。そしてムーンサルト自体はいろんな人が動画を拡散したことで、結果的に多くの人に観られただろうし。ノアの公式YouTubeチャンネルでもムーンサルトのシーンをアップしてるんですけど、4日目の時点で再生回数が16万回を超えてるので。

武藤　でもテレビの視聴率で言ったら1パーセントもねえもんな。長州さんのYouTubeよりも少ねえよ(笑)。

——ただ、レッスルユニバースの加入者はかなり跳ね上がったって聞きましたよ。記録的な数字だったと。

武藤　じゃあ、それはそれで貢献したからいいのかな。俺は前から「チャンピオンになったときには経済効果をもたらす」って、いろんなところで言っていたわけだからさ。そういう責任もあったわけでね。

——そういう意味では、今回の『サイバーファイト・フェス』は、ノアにとってもサイバーファイトという会社にとっても勝負の大会だっていう気持ちは、武藤さんの中にもありました?

武藤　これがノア単体の試合だったら、もしかしたらもっとシックにしたかもしれないな。相手は丸藤だし。

——ノア単独興行だったら、じっくり観客にプロレスを堪能させるような試合をしたかもしれないと。

武藤　でも、『サイバーファイト・フェス』ってのはちゃんぽんだからさ。目立つことをやらざるを得なくなったかもしれないし。3大タイトルマッチとして、ほかとも比べられるしね。

——実際、DDTの秋山準vsHARASHIMAや、東京女子の山下実優vs坂崎ユカからも「自分たちがいちばんになってやる」という意気込みみたいなものが伝わってきました。

武藤　それはそうでしょ。そういう中で俺も大トリとして

「しょっぱかった」では終われないわけだ。2月に潮崎戦であいうベルトの獲り方をして、若手とパンパンと2回防衛戦をやって、丸藤を迎える。俺の中ではちょっとした連ドラになっているからさ。それもひっくるめてのGHCチャンピオンだし。

――GHC4部作だったわけですね。実際にフィニッシュもすべて違いますし。

武藤　そうだよね。

「俺がシャイニングを使い出す前はヒザ蹴りをフィニッシュで使うヤツなんかひとりもいなかった」

――やっぱり武藤さんは、フィニッシュにはこだわりますか？

武藤　まあ、こだわらざるを得ないよな。ファンを納得させなきゃいけないからさ。

――潮崎戦のフランケンシュタイナーにもビックリしましたよ。

武藤　あれだって思い出を背負ったフランケンだから。あれがいままで1回も使っていない技だったら、ファンにも「えっ？」って思われるかもしれねえけどさ（笑）。

――もっと綺麗にやる人もいっぱいいると（笑）。

武藤　そうそう。昔使っていて、ファンの記憶の奥底にも残っていたからこそ、意味が出てくるわけであってね。

――タイトル戦が毎回違うフィニッシュというのも、いまの時流とはまた違いますよね。いまってフィニッシュを出したほうが勝ち、どっちがフィニッシュを出せるのかっていう試合が主流になっていますけど。

武藤　まあ、それで通用するプロレス界だったらそれはそれでもいいんだけどね。要は説得力だからさ。水戸黄門の印籠じゃないけど、レスラーはみんな〝印籠〟を作ろうとしているわけだ。だけど印籠は水戸光圀が出すからいいけどさ、どっかのオッサンが出してもその印籠は通用しねえから（笑）。

――印籠に見合う格がなきゃしょうがないわけですね（笑）。

武藤　そうそう。おもしろいもので、多くのレスラーが若い頃はまわりのレスラーができないような技をフィニッシュにもってきたりするんだよ。コーナーから2回転したり、持ち上げて回転しながら落としたりとかさ。でも、歳を重ねるうちにだんだんめんどくさくなったり、ケガでできなくなったりして、使う技も変わってくるわけだ。だから、いまフィニッシュとしてとにかく流行ってるのがヒザ蹴りだよ。

――たしかにそうですね。

武藤　いま、丸藤しかり、秋山しかり、みんなヒザ蹴りじゃん。でも俺がシャイニング（ウィザード）を使い出す前は、ヒザ蹴りをフィニッシュで使うヤツなんかひとりもいなかったよ。いまはもう事あるごとにみんなヒザ蹴りを使いやがってさ。

――中邑真輔のキンシャサや、飯伏幸太のカミゴェなんかも含めて、本当にヒザ蹴りが大流行ですね。

武藤　あれだってシャイニングがなかったら、果たしてフィニッシュとして通用したのかって思うよ。

――武藤さん以前だと、ジャンボ鶴田さんや坂口（征二）さんが、ジャンピングニーパット、ジャンピングニーアタックを得意としていましたけど、フィニッシュにはなりませんでしたもんね。本来、あんなデカい人たちのヒザ蹴りなんて、誰よりも効きそうなのに（笑）。

武藤　そこがプロレスのおもしろいところだよ（笑）。

――だから、これは武藤さんの発明ですよね。そして武藤さんがシャイニングをフィニッシュにしたからこそ、それが通用するようになったという。

武藤　だって、ある意味でヒザ蹴りっていうのは地味だからね。その地味なヒザ蹴りを「シャイニング・ウィザード」なんて名前をつけて、技にいく前のアピールなんかもしたから派手になっただけであってさ（笑）。

――シャイニング・ウィザードという技自体はどうやってできたんですか？

武藤　太陽ケアと東京ドームで試合をしたとき（2001年1月28日）、ドラゴンスクリューをケアにかけて、立ち上がってきたところで次の技にいこうとしたんだけど、ケアが立ってくるのが遅くてさ。「この間は嫌だな……」と思って、アイツが起き上がろうとしてヒザを立てたところにヒザ蹴りをやったら、観客が「ウワーッ！」となったんだよ。それで「あっ、これは使えるな」と思って使うようになったんだ。

――試合中のひらめきからだったんですね。

武藤　そうそう。

――しかも相手のヒザを踏み台にするっていう。

武藤　で、本格的に使い始めるとき、テレ朝で技の名前を募集したんだよ。その中で「○○○シャイニング」っていうのと、「○○○ウィザード」っていうのがあって、「これとこれをくっつけたらいいんじゃないの？」っていうので「シャイニング・ウィザード」になったって言ってたよ。俺が選んだんじゃないんだけどさ。そのあとWWEをテレビで観ていたら、シャイニングをやるレスラーがいて、実況がちゃんと「シャイニング・ウィザード」って言ってたからな。

――ちゃんと発明者に敬意を表して、名前を変えずに使っていたんですね。でもヒザ蹴りという、それまでフィニッシュにならなかった技をフィニッシュにして、ここまで定着させたのが凄いですね。

武藤　そんなことを言ったら、猪木さんの延髄斬りだってそ

うじゃん。

——まあ、そうですけど（笑）。

武藤　だいたい地方でのフィニッシュは延髄斬りだったよ。

——猪木さんの延髄斬りも、武藤さんのシャイニングも、いろんな人が真似て使っているじゃないですか。でも猪木さんや武藤さんより美しく蹴れる人は誰もいないんですよね。そこが共通点だと思います。

武藤　あー、それはあるかもしれないな。でも、それが「技」っていうものだろうな。

——使うだけなら誰でも使えるけど、その人以上の使い手はいないものということですね。

武藤　パワースラムなんかだって、一時期みんな使っていたけど、やっぱりバズ・ソイヤーが使うと全然違ったもんな。

「リック・フレアーなんかは
足4の字固めがかからないようなヤツとは
試合しないような気がするよ（笑）」

——そういうレスラーにとって代名詞となるくらいのものが、本当の意味での得意技であると。

武藤　だけど藤波さんは認めてたよ。「ドラゴンスクリューはおまえのほうがうまい！」って（笑）。

――ダハハハ！　ドラゴンスクリューも90年代は藤波さんすらほとんど使っていなかったのが、武藤さんがよみがえらせましたもんね。そうやってトレンドが変化するところもおもしろい。

武藤　あと自分の必殺技、決め技っていうのは、誰が相手でも使えなきゃいけないんだよ。俺が若い頃、アメリカに行くと「テレビマッチ」という何試合かまとめ撮りの収録があったんだけど、その相手はただ身体がデカいだけの素人みたいなのもいるわけだよ。で、そんな輩にもかけられるようなフィニッシュじゃなきゃダメなんだよ。だから俺はフィニッシュで抱え上げるっていうようなことはしないから。デケえヤツがいるし。

――持ち上げられなきゃ決められないわけですもんね。

武藤　ムーンサルトは比較的誰にでもできるじゃん。自分さえ飛べれば、相手がデカかろうが小さかろうが関係ないから。これがもしジャーマンがフィニッシュだったらさ、アメリカだと投げられないヤツがいっぱいいるよ。

――持ち上がらない人もいるだろうし、うしろに投げられるのを嫌がる人もいるでしょうしね。

武藤　自分自身が投げる力が飛び抜けていれば、投げ技がフィニッシュでもいいんだよ。だからスタイナー兄弟なんかは、どんなヤツでも投げることができたよな。

——たしかにベイダーやバンバン・ビガロもジャーマンで軽々投げてましたもんね。

武藤　アイツらは投げる力だけはホントにあった。だからスタイナー兄弟にとっては、ジャーマンなんかも「誰にでも使えるフィニッシュ」だったわけだよな。

——フィニッシュホールドというのは、そうやって決まっていくもんなんですね。

武藤　リック・フレアーなんかはさ、足4の字固めがかからないようなヤツとは試合しないような気がするよ（笑）。

——足が短いとか、太すぎるとか（笑）。

武藤　俺は絶対にそう思うよ。アイツは自分から相手を選べるんだから。ハルク・ホーガンのギロチンドロップ（レッグドロップ）だって誰が相手でもできるもんな。

——単なるギロチンドロップが、完全無欠のフィニッシュになるところが凄いですよね。

武藤　それがレスラーの器量だし、さっき言った水戸黄門の印籠だよな。ホーガンが出すから、ギロチンドロップという印籠が効くわけでね。

——丸藤戦に話を戻すと、『サイバーファイト・フェス』というシチュエーションで最大インパクトを出すためには、ムーンサルトを出すしかなかったわけですね。

武藤　いや、出さなくてもホントはよかったんだよ。だから若干の後悔はある。みんなに心配をかけたし、そこまでする必要もなかったかなって。

——でも、あの日はそれこそノア以外のファンも来ていたということもあって、「まさか武藤のムーンサルトを生で観られる日が来るとは思わなかった」っていう書き込みもたくさんありましたね。

武藤　まあ、観た人は貴重なもんが観れたよ。たぶんもうやらない。懲りた（笑）。

——懲りましたか（笑）。

武藤　あえてムーンサルトを出したっていうのは、ノアと2年契約したから「もし何かあっても、2年は食っていけるな」と思ってね（笑）。

——ムーンサルトをやったことで、半年、1年休まなきゃいけなくなったとしても、収入面では困らないと（笑）。

武藤　でも、もしヒザをやっちゃってたら、1年どころか一生休まなきゃいけなかっただろうな。だから怖いものなんだよ。ヒザに思っていた以上の衝撃が来たもんな。

——ひさしぶりだから、よけいに勢いをつけて飛んでしまったというのもありますか？

武藤　いやー、ムーンサルトだけはわからないよ。細かいことを言えば、相手の寝ている位置が違っても（ダメージは）変わってくるからね。

――まあ、勢いを調整できていたら、ヒザがここまで悪くなることもなかったわけですもんね。
武藤　そうそう。まだ棚橋（のハイフライフロー）みたいに前から行くほうがたぶんヒザにはやさしいよな。ムーンサルトは遠心力でいくからヒザがモロにマットに当たる。それをあらためて感じたよ。

「試合の中でストーリーを生み、フィニッシュっていうものを作るのはレスラーにとっては絶対のテーマ」

――だからこそフィニッシュとしての説得力もあるわけですけど、やはり諸刃の剣ですね。
武藤　来週、ヒザの定期検診なんだよ。きっと医者にすげえ怒られるだろうな。学生時代に校長先生から呼び出されるみたいな気分だよ（笑）。
――校則を破っちゃったみたいな（笑）。
武藤　3月の清宮（海斗）戦で、雪崩式フランケンシュタイナーをやったときも怒られたんだよ。ただ、あの技は主治医の先生も知らなかったから事前に禁止にはされていなかったんで、あとで映像を観て「あれはダメだね」って言われたんだけどさ。ムーンサルトの場合は手術前からダメって言われてて、俺もダメだとわかっていてやった確信犯だからさ。
――より罪が重いわけですね（笑）。
武藤　定期検診に行くの、気が重いよ（笑）。
――では、丸藤戦でいちおうGHCチャンピオンという立場は一区切りつきましたけど、これからのテーマってありますか？
武藤　ベルトはなくなったけどスタンスは一緒ですよ。俺は経営者じゃないわけだから、一生懸命に試合をして貢献するというね。たぶん、ノアでは俺がいちばん年長者だからさ。きっといろんな意味で先頭に立ってるんだよ。若いヤツらから背中を見られていると思うし。だからベルトを持っていたときとスタンスは一緒だよね。
――新チャンピオンの丸藤さんのほうが、これまでの武藤さんのGHCタイトル戦が全部話題になっていたので、プレッシャーを感じているかもしれないですね。
武藤　意識はしなくたっていいよ。俺の場合、いろんな付加価値がついての話題だからさ。ただ、「GHCタイトルマッチはハズレがない」っていう、ある意味での信用をつけていかなきゃダメだからね。そういうことが丸藤はできるだろうし、やっぱり積み重ねしかねえもんな。そういうことを考えると、やっぱりフィニッシュへのこだわりっていうのもきっと出てくるんだよ。毎回同じじゃなくて、お客をちょっと裏切ったりすることも必要だしさ。俺がガキの頃に観ていたウルトラマンなんかでも、初代ウルトラマンは基本的にスペシウム光線だけだけど、ウルトラセブンになってからは少し技が増えてきたよね。

――そうですね。エメリウム光線のときもあれば、アイスラッガーのときもあったりして。

武藤 でもウルトラマンのほうも、たま～に見たこともない技を使って勝ったりするんだよ。「えっ、こんな技があったの!?」って。

――バルタン星人を真っ二つに切った、八つ裂き光輪とか（笑）。

武藤 手から水が出てきたりとかさ（笑）。

――水が苦手なジャミラがのたうちまわっちゃって（笑）。

武藤 ああいうの見たときって、すげえ得した気分になるというかさ。いまだに憶えていたりするもんな。だからフィニッシュっていうものを作るのはレスラーにとっては絶対のテーマですよ。

――試合をアートとして考えたら、フィニッシュで完成するわけですもんね。

武藤 だけど昔は未完成のまま終わる試合も多かったんだよ。両者リングアウトとか、そういうのも多かったんだから。

――だからこそ印象的なフィニッシュも多かったですよね。

武藤 猪木さんなんか最後の頃はチョークスリーパーだからね。

――あれも発明ですよね。歳を取っても誰が相手でもできるし。スタンド状態から一瞬にして試合を終わらせられる技。

武藤 歳を取ると、いかにそういう技があるかが重要になってくるんだよな。藤波さんなんて「ドラゴン」って名前がついてる技をひとつもやらなくなったんだから（笑）。

――ヘビー級になってからやり始めたドラゴンスリーパーだけ残りましたけど、ジュニア時代のドラゴンスープレックスとか、ドラゴンロケットはまず見られなくなりましたからね（笑）。やっぱりフィニッシュホールドは、レスラー人生が続く限り追求していくものですか？

武藤 そうだね。まあ、いまは試合の中でどう説得力をつけるかだよな。逆十字なら逆十字で、じゃあどうやって腕を攻めていくかとか、足4の字だったらどうやって足を攻めていくのかっていう。そういう流れを作れたフィニッシュというのが美しいんだよ。試合の中でストーリーも生まれてくるしさ。そっちのほうが作品としてはいい作品になるんだよ。

――フィニッシュ単体ではなく、試合全体を使ってフィニッシュの説得力を追求していくわけですね。

武藤 俺の場合、いまさらムーンサルト2回転なんかできねえんだから。じゃあ、どうやって説得力を生んでいくか。そこがおもしろさであるし、追求のしがいがある道だと思っているよ。

武藤敬司（むとう・けいじ）
1962年12月23日生まれ、山梨県富士吉田市出身。プロレスラー。
柔道で全日本強化指定選手にも選ばれた実力をひっさげて1984年、新日本プロレスに入門。同年10月4日、蝶野正洋戦でデビュー。早くより将来のエース候補と目され、1985年11月にフロリダ州への海外遠征に出発。帰国後、UWF勢との抗争などを経て、1988年に再度海外へ。NWA（のちのWCW）でグレート・ムタとして大ブレイク。世界的な人気を博すことになる。新日本においてもIWGP王者、nWo JAPAN、TEAM2000として活躍するが、2002年1月に全日本プロレスに移籍。全日本退団後はWRESTLE-1旗揚げや『プロレスリング・マスターズ』主催などを行う。2021年2月12日、プロレスリング・ノア日本武道館大会で潮崎豪を下し第34代GHCヘビー級王者となると、2月15日にはプロレスリング・ノアに入団することが発表された。6月6日『サイバーファイト・フェスティバル2021』で丸藤正道に敗れ、GHCヘビー級王座3度目の防衛に失敗。

第115回 妄想オールナイトニッポン3

バッファロー吾郎A

バッファロー吾郎A/本名・木村明浩（きむら・あきひろ）1970年11月24日生まれ/お笑いコンビ『バッファロー吾郎』のツッコミ担当/2008年『キング・オブ・コント』優勝

これを書いている頃はまだ緊急事態宣言の真っ只中で、夜8時以降はほとんどの飲食店が休み、店で酒を飲むこともできない状況なのでコンビニでつまみを買って家で飲んでいるが、コンビニの食べ物がここ数年で飛躍的にうまくなっていることに驚く。

それはさておき、今回は『妄想オールナイトニッポン』の第3弾。いろんな有名人のいろんなオールナイトニッポンのオープニングトークを妄想して楽しんでいただきたい。

タクシーの中でバレないようにすかしっ屁をしたんですが、すぐに運転手さんが窓を数センチ開けました。

長嶋一茂のオールナイトニッポン！

さっきチャンジャを触った指で目をこすってしまい、まだ目がヒリヒリしています。

石田ゆり子のオールナイトニッポン！

メガネ屋さんなんかで近視や乱視を測定するときに見る気球の写真が合成写真と知ってショックです。

柳葉敏郎のオールナイトニッポン！

びっくりドンキーのメニューを右足に落としてしまい、今日は練習を休みました。

ダルビッシュ有のオールナイトニッポン！

予約5年待ちの高級フレンチレストランをクリスマスイヴに予約できたんですが、次の日に人間ドックがあったのを思いだしてキャンセルしました。

元ヴェルディ武田修宏のオールナイトニッポン！

小さなお葬式。
中くらいの断髪式。

舞の海のオールナイトニッポン！

新幹線で京都から名古屋へ向かう途中、飯盒でご飯を炊くことを『はんごうすいさん』と『はんごうすいはん』、どちらが正しいか迷ってるうちに名古屋駅を過ぎてしまいました。

杉本彩のオールナイトニッポン！

先日、ボウリング場に行って投げたボウリングの球が戻ってくるトンネルみたいな所を覗いていると、いきなり球が出てきておでこを2針縫いました。

梶芽衣子のオールナイトニッポン！

名前はビーバーですがダムは作りません。

ジャスティン・ビーバーのオールナイトニッポン！

緑を見ると目によいと聞いたので、きのうは東急ハンズの看板を2時間見つめていました。

鳥山明のオールナイトニッポン！

街を歩いているとうしろから「がんばって！」と声をかけられたので、振り返り深々とお辞儀をして頭を上げると、そこには1羽の九官鳥がいました。

風間杜夫のオールナイトニッポン！

きのう、座薬を入れている最中に宅配便が来てマジでテンパりました。

石原良純のオールナイトニッポン！

きのう見た夢がムチャクチャおもしろかったんですが、いま思い返してみるとそんなにおもしろくなかったです。

吉川晃司のオールナイトニッポン！

主人が寝ていることに気づかずバルサンを焚いてしまいました。

竹内まりやのオールナイトニッポン！

先週、海外ロケのために空港に行ったんですが、パスポートと間違えてお薬手帳を持ってきてしまい飛行機に乗れませんでした。

田中麗奈のオールナイトニッポン！

サイクリングの途中でお腹が痛くなり、公衆トイレで用を足している間に自転車が撤去されていました。

火野正平のオールナイトニッポン！

京都で有名な枯山水の真ん中に部分入れ歯を落としてしまいました。

小日向文世のオールナイトニッポン！

昨晩、飲んだ帰りに町を歩いていると看板が光っていたので「ラーメンでも食うか」と近づいてみると調剤薬局の看板でした。

シャ乱Qはたけのオールナイトにッポン！

きのう酔っ払いすぎて、森永ハイチュウと間違えて人生ゲームのクルマを噛んでしまいました。

水川あさみのオールナイトニッポン！

昔、主人が冷蔵庫の前で悲鳴をあげたので、様子を見に行ったらアイスコーヒーとそうめんつゆを間違って飲んでいました。

オノヨーコのオールナイトニッポン！

KAMINOGE LISTEN TO POWER HALL

夏がきた！ 夏といえば革命戦士！
今日も三ツ矢で乾杯っ!!

収録日：2021年6月7日
撮影：池野慎太郎
聞き手：井上崇宏

吉田光雄

長州力

「マジで俺の手元にはお米（お金）が
まったく残っていないからな……。
もう自分のTシャツとかにサインを入れて、
メリカル（※メルカリのこと）に
出さなきゃいけないんじゃないかっていう。
それくらい生活はひっ迫してる。
でも前に大河ドラマの台本をメリカルに
出そうとして、 谷ヤンに止められた」

「うーん……どんな女性がタイプか……それは簡単に言えそうで簡単には言えないな」

長州　おう、山本くん。最近おまえ、自由が丘の竜宮城に通ってるんだって？

※あらためて説明しよう。長州さんは長年、聞き手の井上のことをどこでどう間違えたのか、ずっと〝山本〟と呼んでいるのだ！

――えっ！　自由が丘の竜宮城ってなんですか？

長州　けっ、とぼけやがって！（ニヤニヤ）。キャバクラの話だよ。毎晩、酔っ払って女のコを追いかけ回してるって聞いたぞ。

――長州さん、それ、ボクじゃないですね（笑）。

長州　あ？

――自由が丘に『竜宮城』っていうキャバクラがあるんですか？

長州　おおん。俺も妙な名前だと思ったけど、あるらしいんだよ。おまえ、そこに通ってるんじゃないの？

――ボク、キャバクラとか行かないですからねえ。誰情報ですか？

長州　いや、誰から聞いたとは言わないけども……。

――教えてくださいよ（笑）。

長州　まあ、みんなそうやってオンナにハマっていくんだなって思って。俺だけだよ、真面目に生きてるのは。

――長州さんは最近はそっち方面はどうなんですか？

長州　バカッ！　おまえ、何を言ってるんだよ！（と呟き込みながら立ち上がって、ホースを引っ張り出して、水道の蛇口をひねって、頭から水浴びをする）。

――いま、頭を冷やしていらっしゃるんですか？

長州　バカッ！　そんなわけあるかい！　おまえがとんでもない質問を浴びせてくるから、ちょっと間を取ったんだよ。

――ちなみに長州さんはどんな女性がタイプなんですか？

長州　あ？　女性観みたいなこと？（と蛇口を締めて、ホースを投げ捨てながら椅子にドカッと座る）。うーん……どんな女性がタイプか……それは簡単に言えそうで簡単には言えないな。そんなの知らん。今日はこれ、『KAMINOGE』だろ。何年ぶりになる？

――いえいえ、前回から1年も経っていないと思いますけど。

長州　あ？　コロナの野郎が始まってからもやってるか。しかし、おまえも頑固だよな。『KAMINOGE』をま～ったく送ってきやしねえよ。ポンと郵便受けに入れてくれりゃ見るのにさ。

――いつも事務所のほうにお送りさせていただいていますけ

ど……。

長州　（聞かずに）『KAMINOGE』ってさ、本当に実在するの？

——ええっ？　これでそんな雑誌がなかったら凄いですね。ボクは誰なんだっていう（笑）。

長州　俺はそういうギャグ、嫌いじゃないぞ（笑）。こうして取材だって言って何度も会いに来てさ、もともとそんなものは存在しないっていう。今日はそんなありもしない雑誌の取材のためにこうして時間を取ってさ、本来なら今日は谷ヤン（マネージャー）と海にでも行こうかって話をしてたんだよ。まあ、海に行くにもちょっと移動しなきゃいけないから、なかなか腰は上がんないけどな。

——こないだYouTubeで武藤敬司さんと一緒に山梨にドライブに行ってましたよね。

長州　ああ。向こうで敬司と蕎麦食ってな。あとは越中（詩郎）ともひさしぶりに再会して一本撮って。しかしアイツはよくしゃべりやがって、ホントに……。しゃべる、しゃべる。俺が入る隙間もないくらい。

——越中さんってお話好きですもんね。

長州　もともとがおしゃべりだけど、あの日は何かに解き放たれたみたいにベラベラ、ベラベラ……。アイツ、いま長野の奥のほうに住んでるから人恋しいんだろうな。農家のおじいちゃん、おばあちゃんたちの薪割りを手伝ってるって言うんだから。

——越中さんみたいな力持ちの男が東京から来て、地元の人たちにも重宝しているんでしょうね。

長州　ああいうデカイのがひとりいると、まわりの人は安心だよな。治安維持というか。もうあっちに移住して1年近くになるって言ってたな。

——要するに移住者への支援みたいなものが自治体からあるんですよね？

長州　そこは俺もよくわからないんだけど、もの凄くアレ（支援）してくれるらしいよ。まあ、それもひとつの人生だよな。いまって地方の山を買うとかそういう人も多いじゃん。意外と安く買えるらしいんだけど、俺は海が好きだからあまり山には興味ないんだけどな。

「俺、深キョンのお母ちゃんとは知り合いだよ。最初は深キョンとのりピーを間違えてたんだけどな」

——長州さん、無人島を買われるのはどうですか？　島も意外と安かったりするじゃないですか。

長州　あっ、俺もそういうのを頭で描いたことがあるんだよ。

ちっちゃくていいから〝リキちゃん島〟ね。でも島はいくら小さくても大変だろう。まず、船の置き場を作らなきゃいけないだろ。それと水道、電気。便利にするためには離島はやっぱり厳しいものがあるだろうな。こないだ休業に入った女優さんは誰だっけ？

——深田恭子さんですか？

長州　ああ、深キョン。俺、深キョンのお母ちゃんとは知り合いだよ。サイパンで食事をしたこともあるしな。もう何十年も前の話だけど。

——えっ、お母さんも芸能人でしたっけ？

長州　いや、普通の素人さんだよ。

——素人さんとなぜ一緒に食事を。

長州　最初、深キョンとのりピーを間違えてたんだけどな。

——酒井法子さんのお母さんだと思っていたってことですか？

長州　まあ、そういうことになるな。でも最初の頃だけだぞ？　深キョンのお母ちゃんだと認識するまでそんなに時間はかかっていないはずだよ。のりピーってさ、どうして中国であんなに人気があるの？　のりピーは〝おしん〟じゃないだろ？

——おしん役をやっていたわけではないですね（笑）。

長州　あっ、アレか！『星の銀貨』！

——金貨です。『星の金貨』。

長州　金貨か。あれに出て、主題歌（『碧いうさぎ』）も歌ってたよな。手話を使って。それが中国人にウケたってことなのか。じゃあ、おしんは誰がやったんだっけ？

——パッと顔は浮かんだんですけど、名前が……。ちょっとググりますね。

長州　おい、早くしろよ（イライラ）。早くしないと渋沢栄一のアレ（大河ドラマ『青天を衝け』）に話題を変えちゃうぞ。俺、ひさびさに観てる大河ドラマなんだから。

——あっ、おしんは小林綾子さんですね。

長州　小林綾子？　そのコはいまでも芸能やってるの？

——どうなんでしょう。あっ、でもいまもお綺麗ですよ。

長州　（いぶかしげにスマホを見て）えっ、このコがおしん？　このコがおしんだったって、いまは誰も知らないだろうな。おしん役をやってるときの写真はないの？

——ちょっと待ってください。あっ、これです。

長州　あー、そうだそうだ！　これはおしんだな。ああ、まさに素朴な小作の娘だよ。中国全土が泣いたらしいもんな。

——長州さんも泣くことってあるんですか？

長州　あ？　泣く？　俺が？　そりゃ俺だって映画とかを観て泣くよ。いまでも気が滅入ったときに観るアレがあるよ。誰もいなくてひとりだったら、ティッシュを置いて観るときがあるよ。

——なんて映画ですか？

長州　ほら、アレだよ。ちょっと胸が熱くなるというか、カーッとくるような……。

――『スカーフェイス』ですか？（笑）。

長州　違うよ、バカッ！　なんで『スカーフェイス』で俺が泣くんだよ。役所広司の『最後の忠臣蔵』だよ。

――あー！　それは前にもおっしゃってましたよね。

長州　それぐらいだな。『最後の忠臣蔵』は間違いなく胸が熱くなるぞ。マジで観てみな。山本のところは娘はいないよな？

――ウチは男の子だけですね。

長州　ああ、そうか。いや、娘がいると余計に熱くなるよ。そんな映画だよ。でも娘がいなくても絶対に泣くよ。

――でも長州さんは人前で泣かれたことはないですよね？

長州　そんなの、泣くような場面がないじゃん。

――泣くどころか、いつも怒っていましたもんね。

長州　ホントだよ。それがいまやすっかり丸くなっちゃって（にっこり）。

「なあ、山本くん。俺にもやさしいところがあるんだよ。そういう部分がツイートにも出てるだけなんだぞ」

――ボクはまだちょっと長州さんのことをはかりかねている部分があるんですけど、よくツイッターでもみんなを励ますような、元気づけるようなことを書かれているじゃないですか。

長州　あ？　俺はそのためにツイッターをやってるんだよ。

――あっ、むしろそのために。じゃあ、ああいう一連のツイートはすべて本心なんですか？

長州　バカッ！　そんなのはおまえ……。本心とかそういうことは聞くなよ。そういう言葉みたいなものは人間の内から出てくるもんなんだよ。こんなコロナの状況の中で、やっぱり最後は「みんな、がんばってください！　一緒にがんばろう！」しかないじゃん。そんなことはおまえ、偽善者ぶって書けるもんじゃないぞ。

――失礼しました。

長州　俺は家にいるからニュースをよく観るじゃん。そうすると去年と今年は高校生くらいの若い自殺者が多いって言うしさ。そんな報道がちょっとでも耳に入ると「なんでなんだ……」って気にかけるよな。それとなんか逆に変なヤツもどんどん出てきてるだろ。成人前のヤツが人を刺し殺したり、詐欺まがいのことをしたりとか多いじゃん。こないだだって弁当屋の防犯カメラに映ってたけど、酔っ払って店員にカネを投げつけたヤツがいただろ？　それで後日、手土産を持って謝りに来たっていう。誰がそんなので許す？　アホかと思うよ。

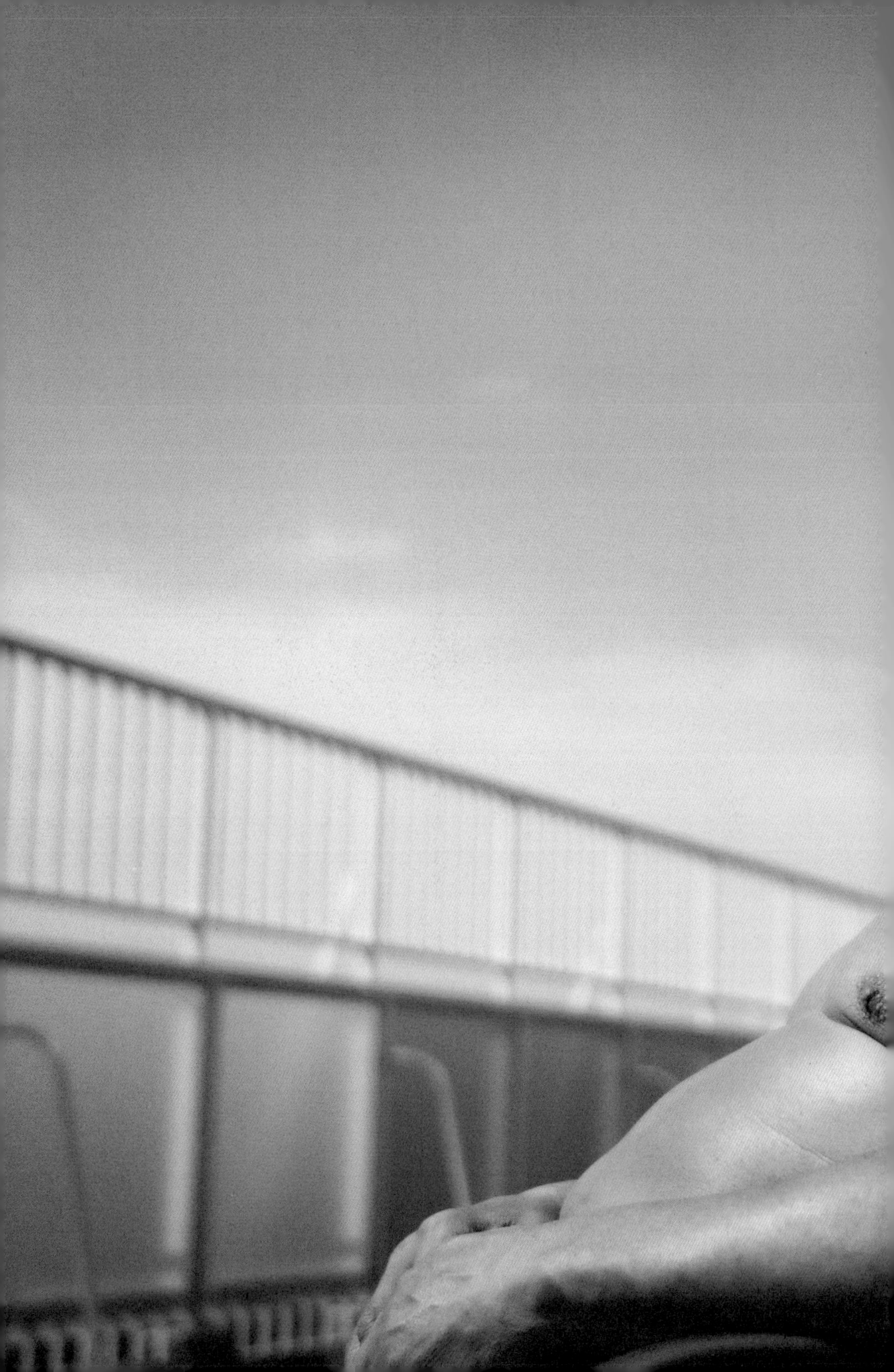

——あれはみっともなかったですね。

長州　笑っちゃうよ。二人組でさ、従業員の女のコに凄い勢いで啖呵を切ってるんだよ。「おまえの年収はいくらだ？　おまえの年収なんか、俺は1カ月で稼ぐんだからな！」って叫んで、それから菓子折りを持って謝りに来てるんだぞ。もうドッキリみたいだよ。あれは恥をさらしたな。

（※ここでアゲハチョウがやってきて、長州のまわりを飛び回る）

長州　見てみ。最近、このチョウチョがよく来るんだよ。これ、マジで俺の親父かおふくろなんじゃないかなと思って。見てみ、俺がいつもここで水を撒いてるからそのうち止まるぞ。なあ、山本くん。俺にもこういうやさしいところがあるんだよ。チョウチョも必死になって生きてるから気になるんだよ。そういう部分がツイートにも出てるだけなんだぞ。

——あれ？　チョウチョ、どっかに行っちゃいましたね。

長州　バカッ！　またすぐにやってくるよ。よし、ちょっと水浴びするぞ。あー、夏だ、夏！

——長州さんの自宅、本当にこの広いテラスが最高ですよね。

長州　ここがなかったらこの1年ヤバかったよ。まあ、なかったらないで、なんとか生きてたと思うけど。よし、景気づけに三ツ矢（サイダー）でも飲むか。山本も飲め。三ツ矢で乾杯！

——あっ、いただきます。乾杯！

長州　よし、山本。なんかおもしろい話をしてくれ。

——おもしろい話……。

長州　なんだ、ないのか。意外と味気ない人生を送ってるんだな。

——あっ、そういえば昔、東京ドームホテルで何周年かのパーティーをやりましたよね？

長州　あ？　俺が？　やったけど。あれは何年だ？　山本、ググれ。

——あっ、はい。２００９年の10月ですね。「プロレス生活35周年記念パーティー」です。

長州　で、それがどうしたんだよ？

——あのとき、長州さんとはまだ面識がなかったんですけどボクにも招待状が届きまして、出席する予定だったんですよね。それで当日の朝、カミさんにスーツを出してもらったんですけど、パーティーに行く前に着替えようと思って、私服のままスーツを持って事務所に行ったんですよ。それで直前になってカミさんがスーツの下を入れ忘れていることに気づきまして。

長州　それで変態の格好して来たのか？

——違います。その日、ボクはライダースとジーンズだったんですけど、こんな格好だとパーティーには出られないと思って、でもご祝儀だけ預けてこようとホテルに向かったんですよ。そうしたら受付のところでホテルマンにすげえ止められて「どうしました？　なんの御用ですか？」って言われたので「いえいえ、これだけ渡しに来たんです！」ってご祝儀袋を渡そうとしている自分の姿が、挑戦状を持ってきた大仁田みたいだなと思って、泣きながら帰ったという話です（笑）。

長州　（無表情で）ああ、そんなことがあったんだ。

「引退したレスラーが杖をついてるのはみんな一緒。マジで股間の骨がゆるんでくるような感じだよな」

――おもしろい話じゃなくてすみません……。

長州　2009年で35年だったんだな。

――ってことは今年で47周年ですかね？

長州　もう引退したんだから周年とか関係ないじゃん。まあ、あえて言うなら引退2周年！　よし、引退2周年記念パーティーやるか（笑）。山本、おまえが仕切れ！　俺が思わず涙をこぼすような、それはそれは感動的なパーティーを演出してくれよ。

――引退から2年で涙を。

長州　流すか、バカッ！　冗談だよ。俺と谷ヤンが組んだのが2008年からだから「谷ヤン・ピンハネ13周年パーティー」ならやってもいいぞ。それなら全国の主要都市を4、5カ所回るのもやぶさかではないな（笑）。

――それでまた各地でピンハネされまくって（笑）。

長州　おい、マジで俺の手元にはお米（お金）がまったく残っていないからな……。俺はもう自分のTシャツとかにサインを入れて、メリカル（※メルカリのこと）に出さなきゃいけないんじゃないかっていう……。それくらい生活はひっ迫してる。

――そんな馬鹿な。

長州　でも、前に大河ドラマに出たときの台本をメリカルに出そうとして、谷ヤンに止められたことがあるんだよ。

――いやいや、台本とかは絶対に出しちゃダメですよ！（笑）。

長州　あっ、それはマジでダメなのか？　俺はまた谷ヤンが自分で出してお米にしようとしてるんじゃないかって疑ってたんだけど。ああ、わかった。今後は絶対に台本を売ろうとは思わないようにする。あっ、アレだ。今年は由真（長州の初孫）の生誕2周年でもあるぞ。もう保育園に行ってるよ。

――2歳で保育園に。ちょっとジュンときちゃいますね。

長州　なんで？

――だって2歳って2歳じゃないですか。

長州　2歳って2歳って、どういう意味だよ（笑）。でも保育

園に行きだしてから人見知りをしなくなったらしいんだよな。行きだして最初の頃はワンワン泣いてたらしいけど、もう泣かないらしいし。そうやってチョウチョも孫もみんながんばって生きてるんだよ。

——長州さんもお仕事めちゃくちゃがんばっていらっしゃいますし。

長州　まあ、山本くんの年収は俺の1カ月くら……やめとこ（笑）。でも俺、正直維持してるようには思えないんだよね、体力的に。やっぱり歳とともに体力って落ちていくんだなって。

——そう実感されていますか？

長州　凄く感じてきてるな。

——でも、またちょっと身体を絞られましたよね？

長州　これ、絞ったんじゃないよ。内臓が悪いんだ。

——えっ、本当ですか？

長州　ウソ。

——あっ、ウソ。ウソでよかったですよ。

長州　ただ、内臓とかは悪くないんだけど、やっぱ首とかに後遺症は来てるよな。

——ああ、プロレスの。

長州　うん。首はもうついにダメかもわかんない。腰も悪いけどやっぱ首だな。あと股間。股間はもう常に電気が走ってるぞ。

——股関節ですか？

長州　引退したレスラーが杖をついてるのはみんな一緒。腰から股間あたりのダメージだよね。そこをみんな手術さえしたら治ると思ってるんだけど、俺の場合は手術をしないで現状維持をしようと思ってるから。マジでみんな股間にくるんだよな。骨がゆるんでくるような感じというか。早くまた沖縄とかに行きたいな。

——沖縄、行きたいですねえ。

長州　リアル竜宮城！　どうせ沖縄に行って、おまえ、違う意味で股間にダメージ残す気だろ？

長州力（ちょうしゅう・りき）
1951年12月3日生まれ、山口県徳山市（現・周南市）出身。プロレスラー。
専修大学レスリング部時代にミュンヘンオリンピックに出場。1974年に新日本プロレスに入団し、同年8月にデビューを果たす。1977年にリングネームを長州力に改名。メキシコ遠征後の1982年に藤波辰爾への噛ませ犬発言で一躍ブレイクを果たし、以後、"革命戦士"のニックネームと共に日本プロレス界の中心選手となっていく。藤波との名勝負数え唄や、ジャパンプロレス設立からの全日本プロレス参戦、さらに新日本へのUターン、Uインターとの対抗戦など、常にプロレス界の話題のど真ん中を陣取り続けた。2019年6月26日、後楽園ホールで現役ラストマッチをおこなった。

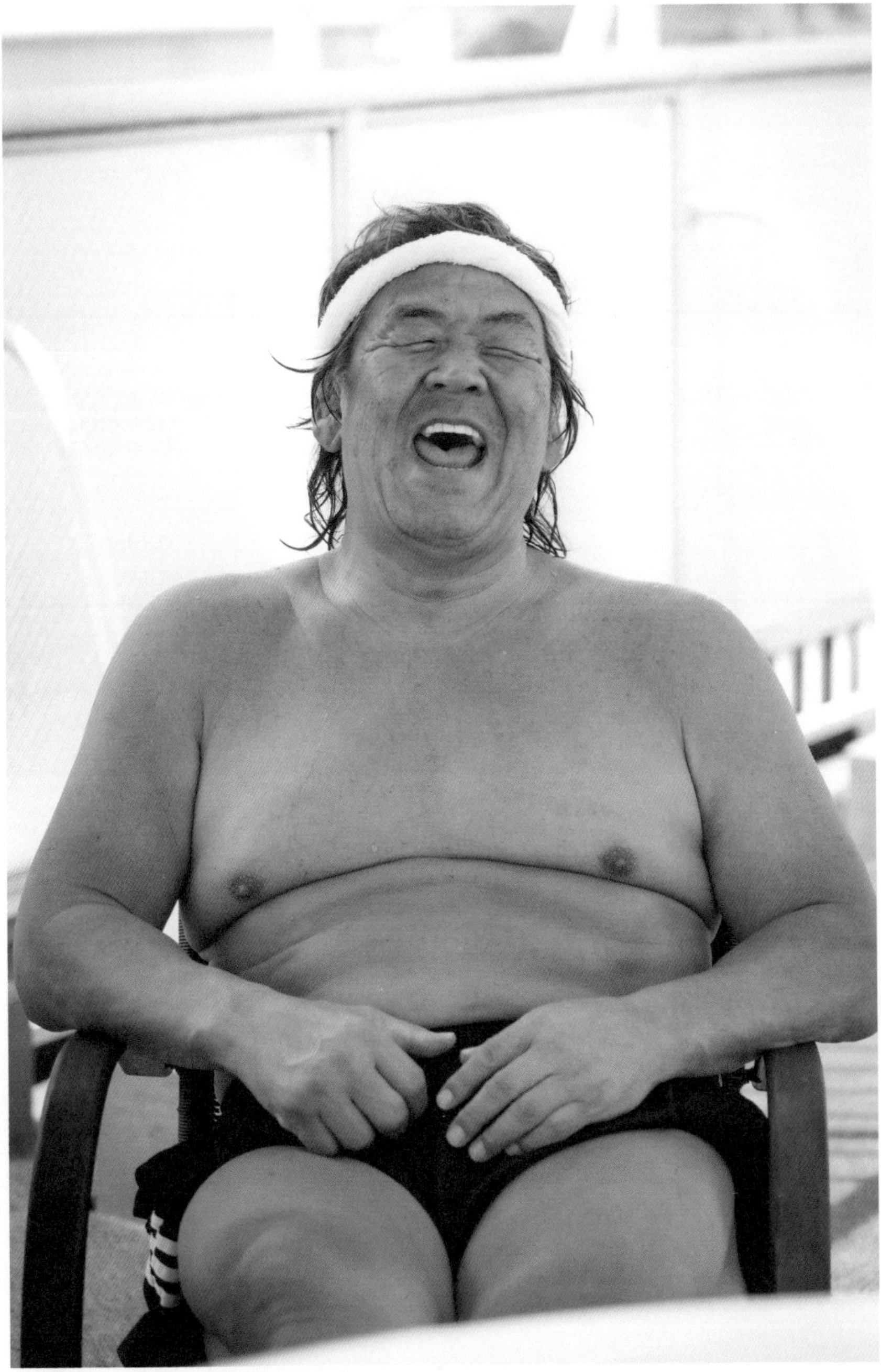

鈴木みのるのふたり言

第96回

オリンピックの思い出

構成・堀江ガンツ

——前号の前田日明さんインタビューは「リングス旗揚げ30周年」としてやったんですけど、リングス30周年ということは、藤原組もUインターも30周年なんですよね。

鈴木　そうだけど、その3団体とっくの昔になくなってるじゃん！（笑）。

——まあ、そうなんですけどね（笑）。

鈴木　たとえば新日本や全日本が来年50周年だっけ？　それでパンクラスもいま28年で、そういう経営母体が変わったとしても続いていれば「○周年」みたいな話で振り返るのもいいけど、終わったものの年数を数えてもなんなの？って思うけどね。

——じゃあ、この手の話は2年後のパンクラス30周年で聞かせてもらいます（笑）。

鈴木　ほかのテーマはなんかある？

——いま世の中が停滞していて、「コロナ」か「オリンピック」ぐらいしか話題がないですけどね。

鈴木　オリンピックもどうなるかわからないもんね。

——やりそうな感じですけどね。月刊誌の悲しいところで「さあ、オリンピック直前ですね！」みたいな話をしていても、発売される頃には中止になっているという間抜けなことが起こりかねませんからね（笑）。じゃあ、オリンピックの思い出でも語りますか！

鈴木　なんだよ、オリンピックの思い出って（笑）。

——鈴木さんもアマチュアレスリング出身だし、プロになってからもオリンピック選手と対戦したり、親交があったりするんじゃないかなと。

鈴木　まあ、なくはないか。

——鈴木さんにとって、最初のオリンピッ

クの記憶ってなんですか?

鈴木　俺が最初に観たのはロサンゼルス五輪(1984年)じゃないかな。それは凄い憶えてる。

――世代的にやっぱりそうですよね。

鈴木　なんといってもカール・ルイスの印象が強い。たしか陸上の100m、200m、リレー、走り幅跳びと4つ金メダルを獲ったんだよね。「メダルってひとりで4つも獲れるんだ!?」って(笑)。あれは俺が高校1年じゃなかったかな。で、その前がモスクワ?

――そうですね。1980年。

鈴木　それは観た憶えがないんだよね。

――日本が不参加でしたからね。で、その前がモントリオールで1976年。

鈴木　そこまでさかのぼると、俺も小さすぎて憶えてない。でもモントリオール五輪のレスリングフリースタイル74キロ級で金メダルを獲った伊達治一郎さんという人に、俺は高校時代に拾われて鍛えてもらったんだよ。

――「拾われて」っていうのは?

鈴木　ウチの高校の監督が国士舘大出身で伊達さんの後輩だったんだよ。で、横浜高校レスリング部は、俺が1年のときの校内のモメごとで、3年が辞めると同時に2年も一緒に辞めちゃったんだよ。それに押さえつけられていた1年も辞めちゃって、ある日練習に行ったら、合わせて40人近くいたレスリング部が先輩ふたりと俺の3人だけになってたの。

――存亡の危機じゃないですか。

鈴木　俺は不良ばかりいる男子校のレスリング部で揉まれて強くなろうっていう気持ちで入ったのに、このままじゃ強くなれないし、プロレスラーにもなれないと思ってね。退学届と休部届を書いてレスリング部の監督に持って行ったんだよ。

――そんなことがあったんですか。

鈴木　そうしたら監督が「ちょっと待て。おまえに抜けられたら何十年も続いてきたこのレスリング部が潰れてしまう」って言ってきて。でも部が潰れるとか俺には関係ないことだから、「辞めて自分の力でプロレスラーを目指します」って言ったんだよ。そうしたら「強くなりたいんだったら、おまえが願う環境を俺が作ってやるから」って言われて。平日は学校で3人で練習していたんだけど、あるとき「週末はここに行ってこい」って紙を渡されて、行った先が国士舘大だったんだよね。

――高1がひとりで国士舘に乗り込むのは恐ろしいですね(笑)。

鈴木　こっちもビクビクだったよ(笑)。そのときに俺の面倒をみてくれたのが伊達治一郎さんで、当時は国士舘大レスリング部の監督だったんだよ。そこから毎週末、国士舘で伊達先生につきっきりで鍛えてもらった。それが最初に触れたオリンピック選手だね。

――いきなり金メダリストなんですね。

鈴木　言ってることの次元が違いすぎて意味がわからなかったです(笑)。ちょうどその頃、プロレス雑誌を読んでいたら「ロス五輪に出場した馳浩がプロレス入り」って出ていて。「やっぱオリンピックに出るとプロレスラーになれるんだ。俺、間違ってなかったんだ」と思ったんだよね。で、俺が2年生のときのインターハイが石川県だったんだけど、地元で開催前に石川県の星稜高校が、各地域の強豪校と練習試合をやってて、横浜高校にも来たんだよ。そのときに星稜高校の先生として馳浩が来てて、「おー、ジャパンプロレスに入る馳浩だ！」って思ったのを憶えてるね。

――高校時代、すでに馳さんと会ってたんですね。

鈴木　その後、俺がプロレス入りしてから会場で会ったんだよね。あの人が長州軍団の一員として新日本に来たときで。「憶えてますか？」って聞いたら「憶えてるよ！　おまえ、鈴木だろ。おまえのインターハイの組み合わせ、俺が作ったんだから」って（笑）。

――地元開催をいいことに、馳先生はアマ時代からマッチメーカーとして暗躍していましたか（笑）。

鈴木　その後、ソウル五輪（１９８８年）のときは、俺はもう新日本に入っていたけど、同い年のヤツが19歳でオリンピック出場して凄いうれしかったね。小幡（弘之）っていう埼玉のヤツでたしか日大に進学したんだけど、高校時代はインターハイや関東大会で何度も当たってたんだよ。矢野（通）なんかは同じ日大で階級も一緒だから、世話になってるんじゃないかな。あと同い年だと鈴木賢一もそうだね。アイツはバルセロナに行って１３０キロ級のグレコローマンだったかな。

――鈴木さんと同世代で、大学でレスリングをやってからプロレス入りした人は、みんなオリンピック出場直前まで行った人ばかりですよね。永田（裕志）さんもそうだし、ケンドー・カシン、藤田和之とか。

鈴木　俺は高校までだからオリンピックどころじゃなかったけど。それを言ったら、中西（学）だってオリンピックに出てるからね。

――あっ、そうだ。うっかり忘れてました（笑）。バルセロナ五輪（１９９２年）に出てますよね。

鈴木　アイツ、「バルセロナ」ってカタカナ読めるのかな？　あやしいよな（笑）。

――中西さんは新日本の闘魂クラブ所属としてバルセロナ五輪に出たんで、夜中に中西さんの試合をテレビで観て応援していた記憶がありますよ。鈴木さんの場合、もう１９９２年だと藤原組ですから、オリンピック選手とプロのリングで対戦していたりするんじゃないですか？

鈴木　そうなんだよ。最初にやったのは（デュアン・）カズラスキー。アイツもメダリストじゃなかった？

――いや、兄弟のデニス・カズラスキーがバルセロナの（銀）メダリストで、デュアンのほうはソウル五輪出場で全米王者ですね。鈴木さんは藤原組の東京ドームで、金メダリストとやっていますよね？

鈴木　そうそう、ゴベリシビリ・ダビッド。あれはソウル五輪の金メダリストでしょ。力が強いわけじゃないのに、まあ身体が柔らかくてうまいの。ちょんと手を引っかけただけで俺がすっ飛んでいくし。さすがに凄いなと思ったけど、「こんなヤツに負けるか！」と思って、まず指をへし折ってやろうぐらいにしか思ってなかったから（笑）。

――手段は選ばず（笑）。

鈴木　あのとき「勝てるわけないじゃん」「殺されるに決まってるじゃん」ってすげえ言われて、藤原（喜明）さんにも言われたんだよね。「おまえ、殺されるぞ」って。それで俺が「いや、ぶち殺すんで」って。結果、チョークが取れたんだけどさ。

――あと、鈴木さんにとっていちばん深い関わりがある元オリンピック選手といえば、カール・ゴッチじゃないですか。

鈴木　あっ、ホントだ！　昔すぎて忘れてた。いつのオリンピックなのかも知らないけど（笑）。

——1948年のロンドン五輪ですよ。1964年にやった、前の東京五輪よりはるかに昔（笑）。

鈴木　もう、そこまで来ると全然わかんないよ！（笑）。オリンピック選手との付き合いはそれくらいかな。でも子どもの頃、ロス五輪のあの雰囲気をテレビで観たときに「オリンピックってすげーな！　行ってみてーな！」っていう気持ちにはたしかになったよ。観たことがないイベントだったんで。

——世界最大のスポーツイベントですもんね。しかもロス五輪からテレビコンテンツとしてエンターテインメント性も出て。スポンサーのコカ・コーラのキャンペーン商品でヨーヨーがあって、小学生だったボクなんかはそっちにも夢中でしたけどね。ヨーヨー世界チャンピオンが近所に来ちゃったりして。

鈴木　俺もそのヨーヨー持ってたよ（笑）。なんかワシのキャラクターじゃなかった？　いまで言うとJリーグのチームマスコットみたいな。

——いました、いました。鳥が聖火のトーチを持ったキャラですよね……イーグルサムだ！（笑）。

鈴木　イーグルサム！　なつかしいな（笑）。

——いま東京五輪でお金の問題がたくさん出ていますけど、ロス五輪からそういうコマーシャリズムが始まってるんですよね。

鈴木　でも、いろいろ言われてるけど、東京五輪はやったほうがいいよ。どう思う？

——ボクは政府、組織委、IOCのデタラメぶりにうんざりしてるんで、正直、興醒めしてますけどね。

鈴木　俺は基本的にそういうのがないんで、「やればいいのに」ってしか思ってないんだけど。これだけ反対意見が多いから、出た選手たちもいろいろ言われるかもしれないけど、オリンピックを観たらきっと何かが変わるような気がするんだよね。この嫌な感じがする日本の空気がさ。作りものじゃないものの感動ってやっぱり残るもん。

——観れば間違いなく「すげえ！」ってなると思いますけどね。

鈴木　本当は俺なんか去年やってほしかったよ。ここ（原宿「パイルドライバー」）は、国立競技場も近いじゃん。だから海外のお客さんが増えることを見越して、日の丸風のデザインとか「JAPAN」っていう文字が入ったTシャツをいろいろ作っちゃったんだから！

——そういう影響もありましたか（笑）。

鈴木　めちゃくちゃ影響デカかったよ！（笑）。まっ、とにかくやるんなら楽しみだよ。前回大会で夜中の2時くらいにテレビで卓球を観たら興奮して「俺もがんばらなきゃ」と思って朝4時頃まで走りに行っちゃったからね（笑）。

——鈴木さんってわりと影響受けやすいですよね（笑）。

鈴木　そう、すぐに影響を受ける。オリンピック期間は危険だね。俺、自分を追い込み過ぎちゃう（笑）。

——オーバーワークになりますね（笑）。

鈴木　オリンピックじゃなくても、たとえばテレビでK-1やパンクラスをやってると、観ながら興奮して腹筋を始めて、気づいたら1000回やってたりするから。オリンピックはそれが毎日だから大変だよ。鈴木みのるがこの夏、オーバーワーク気味だったら「東京五輪で興奮したんだな」って思ってくれたら正解だよ（笑）。

おもしろい人はなぜおもしろいのかを
調査する好評連載・第7回

2ちゃんねるの格闘技板に常駐していた過去!
待望の最強トラッシュトーク芸人参戦!!

収録日：2021年6月12日
撮影：タイコウクニヨシ
聞き手：大井洋一
構成：井上崇宏
取材協力：『焼貝あぶさん』
杉並区高円寺北2-38-15

鬼越トマホーク
坂井良多

「いまの芸人って努力家ばっかなんですよ。
この世界に入ってきた時点で
クズであることを認めなきゃ
いけないのになんでだろ?って。
芸人だけじゃなくレスラーも格闘家も
サラリーマン的になってきてるけど、
ゲーリー・グッドリッジやドン・フライ
みたいな生き方のほうがいいですよ」

こども家の光
張本選手
サンヨー
テレビ
TOEI
福
あこや
恵比寿

「とりあえず鬼越トマホークを呼んで、ゲストの悪口を言わせておけばひと盛り上がりはするだろう」というテレビ制作者の浅めの切り札だった鬼越トマホークですが、そろそろ全芸能人の悪口を言い尽くし、2ターン目に入ろうとしている中、いったいこれからどうしようとしてるのか？　教えてもらおうとしたら、使えない話がほとんどだったんですけど、その一部をお楽しみください。（大井）

「ニューヨークはお金に魂を売ってメイウェザーみたいになってきてるけど、そのほうが我々はやりやすい」

――坂井さんっていつから格闘技を観ているんですか？

坂井　ＰＲＩＤＥからですね。あっ、でもいまは情けないんで隠してるんですけど、最初は大仁田vs蝶野を観たんですよ。

――全然いいじゃないですか。なんで情けないんですか（笑）。

坂井　いや、大仁田って最初は好きなんですけど、徐々に嫌いになるじゃないですか。

――そういう人、少なくないですよね（笑）。

坂井　だから隠してるんですけど、じつは大仁田vs蝶野から始まって橋本vs小川の流れがあり、そこからＰＲＩＤＥですね。新日が暗黒の時代になっていっちゃったんで。だから井上さんのいる前で言うのもあれですけど、長州さんはいまは好きですけど暗黒時代は大っ嫌いでしたね。中学のときは「ど真ん中！」って言ってても全然ピンと来てなくて「自分で端っこに行ってるじゃん」って（笑）。いまはもう大好きですけど。

――やっぱりもともとはプロレスからで。

坂井　子どもながらに『紙のプロレス』とかが好きだったんですけど、やっぱり『週刊ゴング』と『週刊プロレス』は真面目というかＮＨＫ感を感じていたんですよ。でも紙プロは深夜番組のノリで格闘技とかを紹介してくれてたので好きでしたね。だから『ＫＡＭＩＮＯＧＥ』にニューヨークや岡野（陽一）さんが出ているのを見て「コイツら、愛がないのに出てるな」ってちょっと嫉妬してましたよ。

――いやいや、ニューヨークも格闘技が好きじゃないですか。

坂井　あれはビジネスです。彼らはお金に魂を売りましたね。ちょっとライトにしたら凄く稼げるぞっていうのをＭ－１後に知っちゃったんですよね。メイウェザーみたいになってきてますよ。

――本気の試合をやっていない（笑）。

坂井　ちょっと関係者から褒められるような毒を言うよりは、みちょぱとかとうまくちょっと立ち回ってみたいな。でもヒールとベビーフェイスじゃないですけど、そのほうがニューヨークをいじれるので我々はやりやすいですけどね。

――じゃあ、最初はプロレスと格闘技を並行して観ていた感じですよね。

坂井　でも、やっぱり格闘技のほうに行っちゃいましたね。もちろんボクは闘魂三銃士の世代なのでそこは大好きだし、この見た目もクロちゃんって言われるんですけど、ホントは武藤さんにあこがれてのやつなんですよ。ただ、やっぱりPRIDEに全部持っていかれちゃった世代で、でも心の中にプロレス愛はあって、ケンドー・カシンとかがPRIDEに出たら「絶対に勝てよ!」とは思うんですよ。いまだから言いますけど、子どもながらに2ちゃんねるの格闘技板とかに常駐してましたからね(笑)。

——それはいくつくらいのときですか?

坂井　高校からですね。PRIDEも親に内緒で勝手にスカパー!を契約して毎回PPVを買ってたんで、月3、4万の請求が来てましたよ。まあ、エロいのも購入してたんで。やっぱり地上波放送では観られない暗黒のPRIDEが観られたんですよね。ノゲイラが百瀬さんっていう人に挨拶しに行ってるようなディープなところを観ちゃってたんで。

——さすが有料放送だと(笑)。

坂井　それでボクはお笑いよりもプロレスや格闘技のほうが好きだったんで、いまもアンチみたいな芸風なんですけど、いま芸人をやっていていちばんうれしいのは、仕事でプロレスラーとか格闘家のあこがれと会えるっていうのがあるんですけど、会うと「ん?」と思う部分があって、うれしいわりには「あれ、武藤敬司と初めて会ったときも人生でいちばんうれしいわりには「あれ、武藤めっちゃカネの話するやん……」みたいな。

——心はアメリカンですからね(笑)。

坂井　ウチはいい意味で相方(金ちゃん)がプロレスとか格闘技にまったく興味がないんで、ボクが緊張しているぶん、相方はなんのリスペクトもないんで助かっているというか。

——シラフがひとりいるとやりやすいと。坂井さんたちはNSC出身ですけど、もともとお笑いにはどういう興味だったんですか?

坂井　ボクは親父とめちゃくちゃ仲が悪かったんですけど、親父がダウンタウンさんやナインティナインさんのことを「下品だ」って言っていて、志村けん至上主義者というか、それ以降のお笑いはまったく認めないっていう。

——それは関西のお笑いを受けつけないってことなんでしょうね。

坂井　あっ、そうですね。それプラス、志村けんさんよりも若い人はダメみたいな。だから巨人・大鵬・卵焼きみたいなことをずっと言ってるんですよ。自営業だったんで親父はずっと家にいるし、昼から酒を飲んでいて、観たくもないのに野球中継とかNHKを観せられていたんですね。

——ちょっと上質な家だったんじゃないですか?

坂井　いやそれがね、上質じゃないんですよ。ただ、曾祖父ちゃんが温泉を掘り当てて多少カネを持っていた時期もあったんで、親父はその親のカネだったり一族のカネで、ちゃんと勤めたこともないのに子どもに上質ぶった教育をしたがっていたんですよ。

――それで子どもにはいいものを観せたいっていう。

坂井　でも親父自体がクズっていうかあれなんで、家族ごっこみたいな感じなんですよ。だからボクは野球のアンチがプロレスや格闘技だと思って、夢中になって観ていたんです。親父が嫌いなものが好きだったんで。

――お父さんへのアンチテーゼとして。

坂井　裏ビデオを観るような感じでダウンタウンさんの番組とか、ナイナイさんの番組とか、あとは深夜のバラエティとか、プロレスや格闘技を観ていましたね。その親父も散々いばってたんですけど、ボクが高校で柔道を始めてちょっと強くなっちゃったら何も言わなくなっちゃって。「あっ、こういう人間だったんだ」ってことに気づいて。だけど中学までは恐怖でしたよ。

「ZERO-ONE旗揚げの乱闘を観て『こういうお笑いをやりたいな』と思ったんですよ（笑）」

――そこから芸人を目指したのは、どっかで自信があったんですか？

坂井　自信はないですね。ただ、普通に生きるのは嫌だったっていうのもあるし、ダウンタウンさんを観させてもらえないような家で、ボクは18からプータローをやっていたんですけど、何もやることがないし、夜中にちょっとバイトをするくらいの日々の中で、ブックオフで松本（人志）さんの『遺書』を買ったんですよ。それで読んだら「お笑いって、楽しくなさそうに哲学としてやっているんだな」って。ダウンタウンの歴史をずっと見ていたわけではなく、最初に『遺書』から入ったんで「この人に会いたいな」と思ってNSCを選びましたね。それで後悔してます。

――NSCに入ったことを後悔してる（笑）。

坂井　グレープカンパニーとかでよかったなって。

――それは層が厚いところに入ってしまったっていうことへの後悔ですか？

坂井　いや、吉本に入ったことですね。吉本じゃないほうが稼げたんじゃないかなって（笑）。だからまあ、お笑いに入ったのは松本さんあこがれですよね。

――芸人はネタを作らなきゃいけないわけですけど、ネタに関しての知識みたいなのはあったんですか？

坂井　なんとなく深夜のバラエティとかは観てたんで。

――こういうノリだろうなっていう。

坂井　でも我々はけっこう運に左右されているものがありますね。いつものケンカネタとかも、べつにネタじゃなくてたまたまできたやつなんで。相方はプロレスが好きじゃないんですけど、やっぱプロレスや格闘技ってボケの部分があるじゃないですか？橋本真也が小川直也に負けてZERO－ONEを立ち上げたときに「橋本真也ってすげえおもしろい人だな」って思ったんですよ。旗揚げ戦であれだけひっちゃかめっちゃかになって。

——試合後の大乱闘ですね。

坂井　PRIDEとかに出ていた藤田和之とか三沢光晴とかがグッチャグチャになっているのを観て、「こういうお笑いをやりたいな」と思ったんですよ（笑）。

——アハハハハ。この世界観をお笑いに持ち込みたいと（笑）。

坂井　それがいまのケンカのくだりっぽいところになってますよね。だからボクは橋本真也のことを芸人として見ていたし、サムライTVとかで橋本が小池栄子とかにちょっとセクハラとかしながらトーク番組とかをやってたのとかめちゃくちゃおもしろかったじゃないですか。やっぱレスラーとしてはとんでもない人だし、最後はちょっと不倫とかもしてましたし（笑）。

——プロレスラーなのにあきらかに運動不足だったし（笑）。

坂井　あとは橋本vs小川で橋本が負けて引退するっていうときにテレ朝のナンチャン（南原清隆）の番組（『リングの魂』）で子どもの兄弟が鶴を折っていて、そのどっちかがいまテレ朝でプロデューサーをやってるみたいなんですけど。その子どもの兄弟が本気で鶴を折ったりしてたのに、あとで聞いたら橋本は小川に鼻を折られてその手術をしたときに、ついでに包茎手術もやってたっていう。「俺の青春を返してくれ！」って思いましたよね（笑）。あのとき橋本が負けて本気で悩んでたんですよ。小川がいちばん憎かったんですから。

——なのに本人は上から下まで手術して（笑）。

坂井　でもそこを悩むんじゃなくて、おもしろがれる歳になったときに「ガワのほうに行きたいな」と思いましたね。

——やっぱり基本は人間性を楽しむってところなんですね。

坂井　やっぱり松本さんに惹かれたのも、ごっつ（『ダウンタウンのごっつええ感じ』）をずっと観てきたわけじゃなく、なんとなく松本人志という存在を知っているくらいの頃に『遺書』から入ったんで、「めちゃくちゃカネも持ってるし、リスペクトもされてるのに、ずっと楽しくなさそうな感じでやってるんだな」「何かとずっと闘ってやってるんだろうな」と。ボクは関西出身じゃないので『遺書』に出てくる関西の大御所の方とかもよく知らないんですけど、ずっと自分を否定してきた存在の人がいて、だけど自分がやり続けることによってその人に勝つというか。そういう部分でもお笑い界をプロレスとか格闘技みたいな感じで見ていたっていうのはありますね。あとは芸人でトップを獲ってる人って、だいたいプロレスや格闘技が好きじゃないですか。

――有田（哲平）さんや有吉（弘行）さんもそうですね。

坂井　結局、そういうのって共通してるんじゃないかなって。ボクシングが好きな人も多いじゃないですか。（島田）紳助さんや、くりーむしちゅーの上田（晋也）さんとか。

――千原ジュニアさんも。

坂井　ボクは田舎出身だったんで、格闘技とかボクシングの話をできる人がまわりに全然いなかったんですよ。それがこういう世界に入ってみたら、いまは天国のような状態で。

――現場に行けば誰かかならず話せるヤツがいると。

坂井　田舎でも朝倉未来を知ってるくらいの人はいますよ。ただ、「クレベル・コイケってどうなんですかね？」って語れる人は田舎にはいないわけですよ。相手方のこととかまでは。

――相手方（笑）。

坂井　だからもういまは幸せですね。真壁（刀義）さんとバラエティで一緒になったとき、カメラが止まってるところで「真壁さんは嫌いな食べ物とかをいま食べてますけど、ホントに嫌いなのは佐々木健介ですもんね」とかって本人に言うのが好きなんですよ（笑）。

――本人に言えることが嬉しい（笑）。

坂井　それで真壁さんも「おい、やめろよー」みたいな。その瞬間が凄く幸せなんですよ。「あっ、俺はこの業界に入ってきたんだ」って。だからゴシップ誌みたいな芸人ですけど、よくよく考えたらボクはプロレスとか格闘技に絡んでくる芸人って昔からあまり好きじゃなかったんですよ。中継とかに芸人が出てきたら「なんだコイツ！　出すな！」ってもともと言ってた側だったんですけど、ミイラ取りがミイラになってるような状態で。

――2ちゃんに張りついていたほうですからね（笑）。

坂井　だから格闘技の仕事もやりたいようでやりたくない部分もあるんですよ。

――ずっとお客さんでいたいと。好き勝手に文句も言えるし。

坂井　あまり入り込むと文句が言えなくなっちゃうんですよね。

――ボクも格闘技関係の仕事を手伝わせてもらったりしていますけど、「この大会、いまいち盛り上がってないな……」って思いながらも関係者とかには「やっぱおもしろかったですね！」って言わなきゃいけないときに「俺はまた自分にウソをついてるな……」って思うんですよ（笑）。

「大沢ケンジさんにいちばん言いたいのは『あんた、現役のとき試合がいちばんつまらなかったよ！』って」

坂井　まあでも、大井さんよりも大沢ケンジさんのほうがウソをついてますよ。あの人の解説って「やばー！　もう最高っスね！」ばっかじゃないですか？　いや、大沢さんにいちばん言いたいのは「いま格闘技界でトークと言ったら俺だ！」みたいな顔でいますけど、「あんた、現役のとき試合がいちばんつまらなかったよ！」って。

――い、いや、おもしろかったですけどね！（笑）。

坂井　たしかに強かったですけど、めちゃくちゃつまらなかったんで。「いやあ、朝倉未来はホントに固いからね。相手を見るからねー」って言ってるけど「いや、それはおめーだよ！」って（笑）。でも大沢さんとも仲がいいんですけど、あの人は感情があるようでないんじゃないか説がありますよね？

――だから町で有名なオサセなんですよ（笑）。

坂井　なんか勝俣（州和）さんみたいなポジションというか、どの番組に出ても一緒っていう。でも必要悪のような気がしますね。格闘技愛はあるんで。

――元格闘家ですからね（笑）。

坂井　でも裏では何を考えてるかわかんないっていう。勝敗予想がガチじゃねえんだって思うときがたまにあるし。いま格闘家の間でもYouTubeが流行ってますけど、格闘家も命をかけて練習してるから、一緒に練習してる選手への忖度ってあるんだなと思って。やっぱどっちが勝つって言うのは、過去に練習したことがあるほうなんですよ。

――あー、なるほど（笑）。

坂井　逆にボロカスに言ってたら、まったくつながりがないだけとか。

――だから格闘家の予想は、関西系ファイターのほうが信用できるっていうのはありますよね（笑）。

坂井　あー、なるほど（笑）。

――芸人にもYouTubeの波が来てるわけじゃないですけど、その波っていうのは鬼越的にはどうなんですか？

坂井　もうやらざるを得ないって感じになってますよね。言い方が変ですけど、ボクらが中学、高校のときにテレビで観ていた夢のあるような感じの世界じゃないというか、テレビタレントがサラリーマン稼業みたいな感じになっちゃったじゃないですか。

――言われたこととか、求められてることをやる人っていうか。

坂井　だから名刺がわりにYouTubeのチャンネルを持っておくみたいな。格闘家もそうなってますよね。登録者はそんなにいっていなくても、試合予想動画をあげたら5万、10万回再生くらいはいくんで、やらないよりはマシだろみたいな。あの前田日明が始めてるくらいなんで。まあ、レスラーも芸人もちょっとサラリーマン的になってきたところは似てますよね。

――そこへの哀しさはあるんですか？

坂井　ありますね。だからみんなニューヨークとか朝倉未来みたいに稼いでるヤツが嫌いな節もあるんですよ。自分に自信があって稼いでるヤツが男として嫌いなんですよ。いや、朝倉兄弟が格闘技を盛り上げてるのもわかるし、大好きなんですよ。でもやっぱカネがあるとどんどん嫌いになっていっちゃうっていうのは人間の真理かもしれないですよね。

——ジェラシーなんですかね。

坂井 そのジェラシーを抱かせる選手が、一流なんだとも思いますね。

——文句を言わせてこそ。

坂井 そうですね。だからボクは「常に下にはいたい」っていうのがありますね。

——いつだって噛みつきたいと（笑）。

坂井 だからボクは真壁さんと凄く波長が合うんですけど、「この人もずっとそうだったんだよな」と思って。

「有吉さんは紳助さんをやたらいじっててておもしろいんですけど、最近自分がちょっとリトル紳助化してるけどな」

——ゆくゆくはこういう売れ方をしたいとか、そういうビジョンはあるんですか？

坂井 これは『KAMINOGE』だから言うクズな意見なんですけど、かまいたちさんや霜降り（明星）みたいに毎日働いて大金を稼いでいるよりも、週の半分くらい働いて月50、60万みたいなのがいちばん幸せなんじゃないかって。ノンストレスで、さらに「あれ、意外と稼いでるな」くらいの人生で、しかも好きなジャンルの人にも会えるっていうのが理想ですね。

——すでにわりとその理想に近い感じはあるんじゃないですか？

坂井 いや、ちょっと忙しいですね。

——ちょっと理想を超えて忙しい（笑）。

坂井 だからやっぱ仕事の単価を上げたいですね。大井さんはM－1の予選の審査員をしてるんで、なんか反則をしてもらってボクらを準決勝くらいまで上げてもらえたら（笑）。吉本ってそこがストイックなんで、賞レースで上がってきた人しか単価を上げないんですよ。でもこれは吉本が悪いんじゃなくて、人間のシステムと同じなんですよ。ボクらは精子と一緒で、勝ち上がっていかないと生命になれないんで、その理論は全然いいとは思うんですけど。

——仕事の単価を上げるためにタイトルがほしいと。失礼ですけど、お笑いのことを真面目に考えることってあるんですか？（笑）。

坂井 いまの芸人って本当に努力家ばっかなんですよ。岡野さんやもぐらと仲がいいんですけど、「この世界に入ってる時

点で努力家じゃないのに、なんでアイツらは努力してるんだろ?」っていうのがあるんですね。この世界に入ってきた時点でクズであることを認めなきゃいけないのに「なっ、おまえらクズ芸人だもんな!」って言われるから「あれ、全員クズなんだけどな?」っていう。それを言ってるヤツがいちばんおかしいぞと思いつつ、岡野さんやもぐらっていうのはクズをやってあげている方々なんですよ。この世界に入ってまともぶってるヤツ、まとも風に見せてる芸人がいちばんヤバいんだぞっていうのは渡部(建)さんで証明されたので。

――ボクも思うんですよ。芸人がYouTubeをかならず週2回あげるとか、決められた日に何かをやることができなかった人間がこの世界に来たはずなのに「YouTubeをやったほうがいいよ!」とかって言うじゃないですか。「いや、そんなことやりたくねえよ。真面目に働いてんのと一緒じゃん」みたいなことになってくるんですけど、みんなそれが当たり前になってきているんですよね。

坂井 当たり前なんですよ。それは格闘家にも言えることだと思います。格闘家も芸人もサラリーマンができないクズだからなってるんですよ(笑)。それがいまは毎日働いてみたいなことになってるんで、そこからはちょっと外れていきたいなっていうのがありますよね。やっぱり岡野さんとかもラクなんですよ。だって借金を返さないことが笑いになって、それを記事で取り上げてもらえるんですよ。あの人はちょっと収入が上がってきてるんですけど、ないふりをしていますからね。借金を返したら終わりだから。

――だからカネはどんどん使わなきゃっていう(笑)。

坂井 もはやギャンブルもカネを捨てる感じで、大穴狙いとかじゃなくていちばん当たらないやつに捨ててるんだと思うんですよ。もぐらもそうで、カネがないふりをずっとしなきゃいけない。語弊があるかもしれないですけど、有吉さんとかもそうですけどね。

――あそこの位置まで行っても。

坂井 いまって有吉さんに文句を言えないような感じもありますし、本人もあまりいじられるのが好きじゃないって言ってますけど、めちゃくちゃカネを持ってるじゃないですか?だから本当なら紳助さんみたいな振る舞いができるのに、カネを持ってるって思わせたくないっていうのがずっとありますよ。でも若手芸人からすると、それが凄くめんどくさいんですよ。

――たしかに贅沢をしている感じを一切出さないですよね。

坂井 賞レースもまったくがんばっていない人なのに、なんで若手のネタに○×をつけてんだとか、紳助さんをやたらいじってるのもおもしろいんですけど、「あれ、最近自分がちょっとリトル紳助化してるけどな」みたいな。それで紳助さんのことを悪みたいに言いますけど、紳助さんはまわりの人間も一緒に上げていこうっていう面倒見がいい人じゃないですか。でも有吉さんにはそこがないし、ドライだよっていう。だからあの人は芸能界を小規模化させているリトル紳助なんじゃないかなって。尊敬はしていたんですけど、共演してみたら「あっ、この人、全然いじらせねえな」と思って。

――受け身が苦手。

坂井　受け身が苦手だし、「この番組のスタッフはこうなんだよな」みたいなことを言ってスタッフから脅していくというか。何億も稼いでおきながらスタッフのせいにしたり、ネタをがんばってこなかったのに若手に○×をつけて、そのわりに単価とかを上げない説を聞いたんで本数まで稼ぐのかよみたいな。

――仕事の数は減らしたくないと。

坂井　大御所なんだから、単価を上げて仕事を減らしてくれたほうが若手にとってはいいんですよ。

――そうしたらほかのみんなが入れるところができるんですね。でもそれをしてくれないんだ（笑）。

坂井　だから、みんなが有吉さんへの文句が言えないとなって10年天下が続いていますけど、5年後とかに意外と革命が起きるんじゃないかって期待してます。

――でも、その後釜に行きたいってこともないんですよね？（笑）。

坂井　ないです（笑）。でもボクが有吉さんにそれを直接言う権利を得るには賞レースとかでがんばらないと言えないですよね。だからいまは単なる陰口になってるんですけど（笑）。

「みんなサイボーグ化しちゃってるんで隙がないけど、ゲーリー・グッドリッジやドン・フライみたいな生き方のほうがいい」

――届かないところで言っていると（笑）。これは有吉さんのことじゃなくて、たしかに受け身が下手っていうか、いじらせない芸人っていますよね。

坂井　渡部さんなんかもそうだったんじゃないかと思うんですけど、でも復帰してきたらとんでもない芸人になるんじゃないかって。アンジャッシュはコントもおもしろいのに、さらにいじられるわけですから。長州さんなんかも昔はまったくいじらせない人でしたけど、それがいじられたらあんなにおもしろいじゃないですか。だけど芸人界も格闘技界も胡散臭いところが好きだったのに、それが賞レースをがんばらなきゃいけないっていう感じになっちゃったんで。

――競技になってきちゃったんですね。

坂井　みんながＰＲＩＤＥグランプリを目指すかのようにＭ－１を目指して、お笑いサイボーグみたいになってるじゃないですか。

――ケージ際のレスリングばっかみたいになってきたわけですね。こっちは「もっと殴り合えよ！」と思ってるのに（笑）。

坂井　粗品とか後輩ですけど、あれだけがんばっていて尊敬してますよ。でもサイボーグ化しちゃってるんで隙がないですよね。だったらゲーリー・グッドリッジとかドン・フライみたいな生き方のほうがいいっていうか。

――デタラメに殴り合うほうが。それこそ格闘家とか芸人とかって会ってガッカリっていうパターンもあるじゃないですか。

坂井　まあ、ほとんどそうですね。逆に爆笑問題さんとかはまったくあこがれがなかったんですけど、いまは尊敬してますね。会ってみて「あっ、この人は懐が深いな」って。でも、おもしろいとはまったく思わなかったんですよね。27時間テレビのときに「コイツ、なんでこれで何億も稼いでるんだ？」って。やっぱり何億も稼いでるっていうのが……（笑）。

――ひとつの基準なんですね（笑）。

坂井　だから「こういう芸人は裸の王様なんだ」と思っちゃいましたけど、のちにラジオとかで一緒になったら……。

――めちゃくちゃおもしろいですよ。むしろ鬼越がいちばんスイングしているのが爆笑さんですよね。

坂井　そうですね。大御所の中ではいちばん尊敬してないんですけど（笑）。やりやすいんで、いまはけっこう尊敬してます。太田さんに「おまえら、あこがれの芸人とかいんの？」って聞かれたんで「あっ、松本さんですね」って言ったら、すげえバツの悪そうな顔をしてたんで「あれ、なんかあったんですか？」って聞いたら「いや、まあまあ……」みたいな。あの人はそこと太田光代の話題になったら逃げますね（笑）。

――ネタで先輩芸人を本気でキレさせたことってあります？

坂井　ないですけど、やっぱ有吉さんにはハマってないなっていうのはわかりますね、正直な話。

――現場で何回も一緒になってみて。

坂井　「あっ、俺らのことを嫌いなんだろうな」みたいな。でも、嫌い感を出すわけでもないし、べつに事務所も違うから勝手にやってくれみたいな感じなんだろうなって。そのわりにはラジオで名前を出すんで「なんだ、コイツ？」みたいな。先輩として愛があるのか、ないのか、よくわかんねえなっていう。あの人も他人の力でやってる芸人ですからね。ボクらもそうですけど（笑）。

――そもそもの原点があだ名をつけるっていうところでは一緒のカテゴリーですよね。人を腐してセンスを見せるっていう（笑）。

坂井　いや、吉本が嫌いなのはわかるんですよ。でも吉本芸人の血を散々すすってきて、一方的に「俺は吉本が嫌いだから」っていうのはないだろって思ってるんで。「おまえの血を吉本芸人がすすったことがあるのか？」って。

――友近さんのことをよくいじるじゃないですか。そこは大丈夫なんですか？

坂井　あれは相方なんですよ。なのになぜかボクがめっちゃ注意されるんですけど。

――友近さん本人からは怒られないんですか？

坂井　凄く秘密裏に、糸電話を経由してくるみたいな感じで連絡が来てるって言われてますね。プロレスにはならない形で（笑）。やっぱりいじられるのが本当に嫌なんだと思います。まあ、挨拶しなかったんで金ちゃんが悪いんですけどね。その金ちゃんがやってしまったこともボクがすべて背負わなきゃいけないのが嫌なんですよ。どっちなのか区別がついてないみたいで。

――鬼越でひとくくりなんですね（笑）。

坂井　アニマルかホークのどっちかが椅子で殴ったのに「ウォリアーズにやられたんだよ！」って感じになってて。

――アハハハハ！　そこはちゃんと分けてほしいですね（笑）。

坂井　「いや、ホークがやったんだよ！」って何回も言ってるんですけど、「いやいや、アイツもなんか後追いで言ったりしてたじゃん」みたいな。でもまあ、そこはしゃあないッスね。

「朝倉未来にとっていちばん怖いのは、ボンサイ柔術のような日系ブラジル人の明るい感じじゃないですかね」

――結局、坂井さん自身は芸人という意識なのか、ご飯が食べられるし楽しいから芸人の中にいますっていうスタンスなのか、どっちですか？

坂井　ボクは紙プロが好きだったんで、週プロとか格闘技通信とかの立ち位置の芸人にトップを獲ってもらっての紙プロの位置にいたいんですよね。だって紙プロだけあってもおかしいじゃないですか（笑）。

――つまり本家の人たちから「あんなの芸人じゃねえよ」って言われてるくらいがちょうどいいってことですよね（笑）。同期や親しいところが売れていたりするところに対してのジェラシーはリアルなところはどうですか？

坂井　リアルジェラシーはあるんですけど、俯瞰で見たら同期で売れてるほうがありがたいですよね。

――気軽に噛みつけると。

坂井　だからニューヨークの存在はめちゃくちゃありがたいですね。ただ、アイツらはクリーンな人間になろうとしていて、ボクらを切ろうとしてるんで。

——逃がさねえぞと（笑）。

坂井　本当に凄いなと思ったのが、ニューヨークって最初に名を上げたのが偏見ネタで、初期の頃に路上でポエムを売っているヤツを全否定するコントを作ったんですよ。そんなヤツがね、屋敷（裕政）のほうなんですけど1週間くらいかけて和田アキ子さんの版画を刷って、『アッコにおまかせ』で渡してたんですよ。「何やってんの？　おまえら、コントにしてたじゃん」って。

——そういう人のことをバカにしていただろうと。

坂井　でもそこを笑いにもしないというか、「まあまあ、とりあえずこっちの話題にいこうや」みたいな。それが凄いなと思って。あとこれも屋敷ですけど、散々浮気とかしたり、女遊びをさらば（青春の光）さんと発表するようなことをやっていて、中居（正広）くんの番組で「彼女がいて、18年間純愛を貫いてました」ってやってて、本田翼とかが「うわー、素敵ー」とかなってたんですよ。「コイツは絶対にバチが当たるな」と思って。でも素晴らしいんですよ。逆にそういうスタンスでいてくれるヤツがいればめちゃくちゃ噛みつきやすいんで。

——渡部さんみたいになる可能性があるぞってことですよね。悪さをしたら怒られるような状況に置かないほうがいいっていうか。

坂井　芸人の悪さをできる限界が（ジャングルポケットの）おたけさんなんで。おたけさんぐらいの売れ方が人生いちばん楽しいんですよ。あれよりもちょっと売れちゃうと叩かれちゃうし、週刊誌とかも狙われる。だから粗品とかは楽しくないんじゃないですかね？　粗品の振る舞いとかを見ていると、朝倉未来を思い出すんですよ。

——たしかに若き天才というか。実力もあるし、カネも持ってるからしょうがねえよなっていうニュータイプですよね。

坂井　でも粗品が松本さんに対して逆らうわけでもなく、そこはちゃんとうまくやるじゃないですか。朝倉未来もちゃんと魔裟斗のことはリスペクトしていましたからね。

——魔裟斗だけじゃなく、前田日明や青木真也にもそれなりの対応をするっていう。

坂井　不良だから礼儀がちゃんとしてるんですよね。

——やっぱりお笑いと格闘技は多分にリンクするところがあるんですね。お笑いも格闘技も価値観が変わってくる時代ですよね。

坂井　ただ、朝倉未来にとっていちばん怖いのは、ボンサイ柔術のような日系ブラジル人の明るい感じじゃないですかね？　ボクらやニューヨークにとっていちばん怖いのは、ゆりやんレトリィバァみたいなのなんですよ。あのボンサイ系のしゃべり方とかゆりやんじゃないですか。「いやー、全然問題ないネ」「折れちゃう、折れちゃう」とか、いままでの悲壮感がある感じじゃなくて。もし負けたとしても、「まあまあ、いいのが入っちゃったからネ。しょうがないネ」とかって言いそうじゃないですか。

――それでは最後に、最近「冗談じゃない！」って思ったことはなんですか？

坂井 冗談じゃなかったこと？

――たとえば後輩から逆に噛みつかれたとか。

坂井 あー、それがないんですよね。ボクらにそれやっても話題にならないんでおいしくないんですよ。ボクら自体が虎の威を借りて生きてるんで、ボクらをいじってくれるっていうのがないんですよね。それをやってSNSでバズるわけでもないし。

――平成維震軍には噛みついてこないと（笑）。

坂井 そうなんです（笑）。ボクらに対して「べつにアイツらは賞レースの実績もないし」みたいなことを言っても「まあ、そうだもんな」っていう。あっ、でも冗談じゃないのは相方の金ちゃんですかね。この芸風で結婚したはまだしも、子どもを生んだっていう。「なに未来を見据えてるんだよ」っていう。

――おまえだけ（笑）。

坂井 ラジオでは「未来を見据えないですよ」とかって言ってたんですけどね。

――知らない間にしっかりと足場を固めていたんですね（笑）。

坂井 アイツとは本当に仲がいいんですけど、「俺、ちょっと稼げないから実家の居酒屋を継ぐわ」とかって言われそうなんですよね。

――金ちゃんは芸人というものに対しての向き合い方はどうなんですか？

坂井 そんなにですよ。本当にキラー・カーンみたいになりますよ。『居酒屋カンちゃん』みたいなのをやって、たまにニューヨークが来たときに、ハルク・ホーガンが来たときのようなお祭りみたいな感じになって。だって『居酒屋金ちゃん』もすでに「えっ、こんなに飾る!?」っていうくらいに芸能人の写真が飾ってあって、リベラかと思いましたよ（笑）。もう芸人の目じゃなくて芸人経験者の飲食店の人っていう目は常にしてるんですよ。

――芸人経験者の飲食店の人の目！（笑）。

坂井 こっちは人に暴言を吐く仕事なのに、しっかり結婚して、子どもを作るっていう。まあ、素晴らしいことなんですけど、どうするんだ、冗談じゃねえって話ですよね。

大井洋一（おおい・よういち）
1977年8月4日生まれ、
東京都世田谷区出身。放送作家。
『はねるのトびら』『SMAP×SMAP』『リンカーン』『クイズ☆タレント名鑑』『やりすぎコージー』『笑っていいとも!』『水曜日のダウンタウン』などの構成に参加。作家を志望する前にプロキックボクサーとして活動していた経験を活かし、2012年5月13日、前田日明が主宰するアマチュア格闘技大会『THE OUTSIDER 第21戦』でMMAデビュー。2018年9月2日、『THE OUTSIDER第52戦』ではTHE OUTSIDER55-60kg級王者となる。

坂井良多（さかい・りょうた）
1985年12月27日生まれ、長野県千曲市出身。
芸人。鬼越トマホークのボケ担当。
高校卒業後、しばらく無職生活を送っていたが松本人志の著書『遺書』を読んで芸人を志すようになり、2009年4月にNSC（吉本総合芸能学院）に入校。そこで相方の金ちゃん（金野博和）と出会い2010年「鬼越トマホーク」を結成する。見た目のいかついふたりが互いを罵りあってケンカとなったり、先輩芸人や他ジャンルの人間にも歯に衣を着せぬ暴言を吐くなどの芸風で活躍している。プロレスや格闘技に造詣が深く、趣味は料理、ゲーム、AV鑑賞。DDTプロレスリングのアイアンマンヘビーメタル級王座の1173代王者になった経験もある。

プロレスがわかれば世の中が、
そして世界が見えてくる。

斎藤文彦×プチ鹿島

活字と映像の隙間から考察する

プロレス社会学のススメ

撮影：タイコウクニヨシ　司会・構成：堀江ガンツ

第15回

ヘイトクライムとプロレス社会

1950年代から1980年代半ばまで、アメリカのプロレス界における日本人レスラーの役割は田吾作タイツを履いたヒールだった。それがいまや、ありのままの日本のプロレススタイルが世界中で多くの人気と注目を集めている。

実社会では今年、アメリカでアジア系住民に対するヘイトクライムが多発し、いまだ悪しき歴史を繰り返し続けている。

なぜ、プロレス社会から人種差別的なストーリーラインが姿を消したのか？　どうしてプロレスファンは偏見や差別的な視点から解放されたのだろうか？

今回はアメリカにおける日系レスラーの歴史と変遷から、それらの疑問を紐解いてみたい。

「プロレスそのものとプロレス的手法を一緒にしたらダメ。政治的思惑で犬笛を吹き、犯罪的行為に向かわせるというのはプロレスのリングでは絶対にない」（鹿島）

――2021年も早いものでもう半分終わってしまったわけですけど、今年起きた大きなトピックとして、アメリカでのアジア系住民に対するヘイトがありましたよね。

斎藤　アジア人に対するヘイトと、それに派生して起きるヘイトクライム（憎悪犯罪）ですね。

鹿島　アジア人というだけで、差別的に扱われたり、突然暴力をふるわれるということが実際に起こっているという。

斎藤　それが日本ではあまり報道されていないっていうことが現実としてあるんですけど、そもそもなぜ起こっているかの原因をキャッチしなくちゃいけないじゃないですか。

鹿島　そうですね。

斎藤　まず、アジア人が暴力をふるわれるようになったきっかけのひとつとして、日本ではとっくに使われなくなった差別的な表現である「武漢ウイルス」がありました。ドナルド・トランプが議事録に残る公式コ

メントとして「チャイナフル」とか「チャイナウイルス」といった言い方をして、それがある種の煽動になって、いわゆるトランプ支持層を中心にアジア系の人たちに憎悪を向ける人たちが出てきてしまった。いい言葉じゃないけど彼らは典型的なホワイトトラッシュ層、略しちゃうと白人のクズ層っていう。凄く訳しにくい新語のたぐいんだけど（笑）。

——直訳するとダイレクトに伝わりすぎる（笑）。

斎藤　そういった層が「コロナウイルスは、武漢の化学兵器ラボで秘密裏に作られ、漏れ出たもの」という真偽が定かではない陰謀説を元に、〝アメリカにコロナ戦争を仕掛けてきた中国〟という意味で、そのヘイトの矛先をアジア系の人たちに向けているわけですよね。

鹿島　どこがウイルスの発祥かっていうのはこれから検証が必要ですけど、ことさらに粒だてて言うことによって、それに感化された人たちが、アジア系の一般市民に対して憎悪と暴力を向ける。それはあきらかに一線を超えてますよね。

斎藤　また中国人も日本人も韓国人も、アメリカ人から見たらルックス的にはまったく見分けがつかないから、アジア人みんなが標的にされてしまうわけです。

——だから一部の日本人が勘違いしているのは、「俺は中国人が嫌い、アメリカ人も中国人が嫌い、だから俺はアメリカ人と仲間」ってタッグを組んでいると思い込んでいることですよね。そのアメリカ人は日本も含めたアジア人を攻撃している。ヘイトを向けられている側なのに、アジア人へのヘイトクライムを支持しちゃっている。

鹿島　日本の謎の論理で、自分たちを〝西側諸国〟みたいに言うんですけど、向こうから見ると、当たり前ですけど中国や韓国と同じアジアの国ですよね。それなのに、なぜか「アメリカは友達」っていう。

斎藤　中国人と同格じゃ嫌だっていう〝プッツーの日本人〟層が一定数いますよね。

鹿島　その日本のねじれた感情ってボクも子どもの頃に記憶があって。猪木さんが国際軍団にやられているところに、ハルク・ホーガンが助けに入って蹴散らしたとき、ボク自身は何も強くなっていないのに「ほーら、見ろ！　国際軍団コノヤロー。こっちにはアメリカがついてるんだぞ！」みたいな気持ちになったんですよね。プロレスって無思想だからこそ、世の中の空気がリングに反映されている。

斎藤　いい意味でも悪い意味でもステレオタイプですよね。あのときは、新日本プロレスファンが国際プロレスファンを差別するみたいなところもあって。

——国際軍団は同じ日本人ですけど、国際プロレスという新日本の〝外〟から来た人たちじゃないですか。そうすると、昨今の「〝純粋な日本人〟じゃないヤツは日本から出ていけ！」とか言い出す人たちのメタファーに結果的になっていたんじゃないかと、考えすぎちゃったりもしますね。

斎藤　実際、当時ラッシャー木村さんが憎いからって、木村さんの家の塀に生卵を投げつけたりという嫌がらせをするファンが少なからずいたんですよね。

——あれはボクらプロレスファンが実体験

で知る、まさにヘイトクライムですよ（笑）。

鹿島　考えてみれば、あのときは〝国際はぐれ軍団〟って言われるぐらいですから少数派ですよね。マイノリティ（笑）。

――国際プロレスという〝母国〟を失った難民とも言えますよね。その人たちを迫害していたという（笑）。

鹿島　しかも最終的にマイノリティ3人と猪木さんひとりで3対1の闘いをやって、新日本の圧倒的な権力者である猪木さんがマイノリティを装うっていう。凄い構図ですよね（笑）。

斎藤　まあ、新日本側からすると「侵略してきた」っていう大義名分はあったのかもしれないけど。

鹿島　だから当時の猪木さんや新日本が悪いっていうんじゃなくて、プロレスは人の心の中になんとなくあるものを映し出す側面があるんだと思います。自分の深層心理の中にも、そういった感情が少なからずあるんだよ、ということを教えてくれたというか。

――国際はぐれ軍団への自分の態度を振り返ることで、自省することができる（笑）。

鹿島　だからプロレスは無思想でそれを映し出しているだけだから、逆にいいと思うんですよ。でもトランプさんとかにギョッとするのは、完全に思想であり、自分の政治的思惑じゃないですか。

斎藤　もの凄く幼稚なロジックなんですけどね。

鹿島　以前、ボクはフミさんに「トランプはいかにプロレス的な手法を取り入れてきたか」という話を伺わせていただいたことがありますけど。やはりプロレスそのものと、プロレス的手法を一緒にしたらダメですよね。だって自分の政治的思惑でもって犬笛を吹いて、犯罪的行為に向かわせるというのは、プロレスのリングでは絶対にないじゃないですか。そこは綺麗に分けないと。

斎藤　そう。ごっちゃにしてはいけない。先のアメリカ大統領選では、トランプに煽動されたサポーターたちが暴徒と化して、議事堂の中まで突入していってしまった。あれはアメリカの歴史上でも一度もなかったことでした。

鹿島　プロレスのいいところって、対立構造を作るけれど、それはプロレスの枠内の中で見ているほうも消化できた。逆に、どこかガス抜きにはなっていた部分もあると思うんですよ。でも、いまはそれをリング外というか、政治の世界で使うじゃないですか。それはやっぱり全然違いますよね。

斎藤　だからいま政治と向かい合っているアメリカのオーディエンスの思考回路が単純に幼稚になっているとも言える。

「最初にアメリカにわたった日本人プロレスラーはソラキチ・マツダで、時代でいうと1880年代終わりから1890年代のこと」（斎藤）

鹿島　先日も防衛省の新型コロナワクチン大規模予約システムの不備を、毎日新聞と毎日新聞出版、それから朝日新聞出版『AERA』の記者が検証したじゃないですか。ボクはマスコミとして当然のことであり、スクープでもなんでもないと思ったんですけど、岸信夫防衛大臣とか安倍（晋三）さんとかがツイートで「悪質行為」「愉快犯だ」って書くと、特に「毎日」とか「朝日」に反応する人たちがリアルに攻撃に向かいましたよね。

斎藤　それこそ犬笛で合図されたかのように、一斉に書き込んでました。

鹿島　これがプロレスのリングの中だったら、「ああ、こういう対立を煽るためのアピールか」と思うんですけど、それを政治家、しかも防衛大臣、前総理大臣という立場の人がやっているという。これはポピュリズムがさらに一段階上がった、シン・ゴジラ的な意味の「シン・ポピュリズム」みたいな状況になったなと。ボクらはこの手の手法をプロレスで散々学んできたから、「これは違うな」って思っちゃうわけですよ。

――一線を超えたというか、底が抜けた感じがありましたよね。そこまで下衆なことはやらないだろうということを平気で超えてしまうという。

鹿島　けっこうビックリしたのが、ある漫画家が「こういうのは、気づいた記者が社の幹部に頼んで総理や防衛大臣に連絡してもらい、不正な予約ができてしまうことをまず政府側の教えて、対処法などを聞いた上で、記事もゲラも事前確認してもらい、報じるべきだったね」ってツイートしていたことですよ。「それ、本気で言ってるのか?」って思いましたね。

斎藤　いつの間にか検閲意識が刷り込まれてるんじゃないですか。あれが大多数じゃないことをボクは願いますよ。

鹿島　でも、力の強い人が大声を出すと、そういうことを言い出す人が一定数いる。あれもトランプ式ですよね。

――こんなのプロレス界のような、団体とマスコミが持ちつ持たれつの関係の世界でもおかしいですよね。週プロ編集長時代のターザン山本が、表紙と巻頭原稿を事前に新日本現場監督の長州力に見せて許可を得てから出すとか、そんなわけないでしょっていう（笑）。あの時代の長州力すらやらないことを、一般紙にやらせろって言っているわけですからね。

鹿島　ジャンルもスケールも全然違うんですけど、雛形をボクらは90年代のプロレスで見ていたんですよね。「あっ、そういうことをやっちゃうんだ」っていう。

斎藤　あくまでもマスコミは、取材対象あるいは権力のある場所から独立して存在しなければいけないっていう大前提が絶対にあるじゃないですか。ネット社会がオーディエンスというか一般大衆を〝情報〟に対してとことん従順にしてしまった結果なのかもしれないけれど、その認識が抜け落ちている人がいきなり多くなった気がします。

鹿島　当時の長州さんが、「マスコミは東スポだけあればいい」って言っていましたけど、時代を経ても権力者というのは、だいたいああいう考え方だということがボクは学べましたね。

――ちょっと話を当初の他民族やマイノリティへのヘイトというテーマに戻しますけど。ある意味でプロレスは、そういった大衆の深層心理を煽ってビジネスにしてきた側面があったわけですよね。そして戦後のアメリカにおいて、日本人へのヘイトの感情を逆手に取って成功してきたのが、日系ヒール、日本人ヒールの存在だったと思うんですよ。

鹿島　自ら反日感情を煽っていたわけですもんね。ズルい奇襲攻撃を仕掛けて、〝パールハーバー・アタック〟と言ったりして（笑）。

――なので今回は、そんなアメリカにおける日本人、日系レスラーの歴史もフミさんにうかがっていきたいなと。

斎藤　いまガンツくんがフリで話した、いわゆる日系人ヒールというのが誕生したのは、やはり第2次世界大戦前後の流れからなんですね。でも最初に日本からアメリカにわたった日本人プロレスラーは、それよりずっと前にいて、元序二段力士のソラキチ・マツダですよね。時代でいうと、1880年代終わりから1890年代。

――明治時代の前半ですね。

斎藤　まだ20世紀にもなっていない19世紀ですから。もちろんアメリカに反日感情なんかなかった。でも、〝ジャップ〟と呼ばれていたのは、ジャパニーズの最初の3文字（JAP）だったからという、ただそれだけの理由だった。

――略称、あだ名みたいなものだったと。

斎藤　そしてソラキチ・マツダは、アメリカのプロレスラーと異種格闘技戦みたいな感じで、相撲のままのスタイルで闘ったりしていたんです。そして20世紀に入ると、日本人で初めてプロレスの世界チャンピオンになったマティ・マツダさんという人が現れます。

鹿島　そんな前から日本人の世界王者っていたんですね。

斎藤　マティ・マツダは、日露戦争の徴兵を逃れるためにアメリカにわたったと言われている人なんですよ。そして1920年代にテキサス州エルパソで、世界ウェルター級チャンピオンとなり、アメリカ人女性と結婚して、日本には二度と帰ってこなかった。まあ、アメリカ人になったということでしょうね。

鹿島　移民として暮らしていくっていう意味でレスリングをやっていたっていうことでしょうね。

斎藤　本名・松田万次郎という人が、マティ・マツダというアメリカナイズされた名前になって、英語を身につけてアメリカ人女性と結婚して永住した。アメリカン・ドリームと言ってもいいでしょう。でも当時、マティ・マツダの試合を報じる新聞なんかには、ステレオタイプの日本人的なコスチュームを着せられたという記述はないんですよ。

――着物を着て登場したり、ちょんまげを結っていたり、ことさらに〝日本人〟を強調してはいなかったと。

斎藤　それから日本ではあまり活字化されていない日本人レスラーとして、1930年代にカルフォルニアで凄く人気を博したクドー・カイモン（これまでのカタカナ表記ではキマン工藤となっている場合が多かった）という日系アメリカ人がいるんですけど、その人も人種差別的なヒールではなく、普通にアスリートとして活躍した人だった。だからステレオタイプの日本人レスラー像、つまり塩を撒いたり、四股を踏んだり、地獄突きをしたり、うしろから奇

MR. SAITO

襲の〝パールハーバー・アタック〟を仕掛けたりするのは、やっぱり第2次世界大戦の戦中、戦後の話。ミスター・モト、グレート東郷らの世代が生み出したものですよね。

――当時の一般的なアメリカ人が想像する、敵国の日本人像を思いっきりデフォルメした姿を演じたわけですね。

斎藤　実際にグレート東郷やミスター・モトと、両者のご両親は、アメリカ国籍を取った日系一世のアメリカ人なのに、戦時中は収容所行きになっているんですよ。要するに見た目が日本人だから、日系アメリカ人なのか、侵略してきたスパイの日本人なのかわからないから「隔離せよ」っていうことで。ひどい話ですけど、ある意味ではナチスによるユダヤ人虐待と同じような扱いを受けた過去があるんです。

「かつてのプロレスにあった無意識の大衆の声がまだUFCの会場では反映されていて、はけ口になっちゃっているわけですね」（鹿島）

――戦後はそれを逆手にとって、ヒールとして大成功。巨万の富を築くわけですから、たくましいですね。

斎藤　当時、彼ら日系レスラーのヒールとしての商品価値はとても高かったんです。また、〝ズルい日本人〟というキャラクターが大ヒットして、トーゴーやトージョー、オオヤマ・カトー、グレート・ヤマトといった、〝日本人〟を名乗るヒールがアメリカじゅうに登場した。そういった日系レスラーを描いた小説が村松友視さんの『七人のトーゴー』で、その〝ブーム〟は、ミツ・アラカワ、デューク・ケオムカ、キンジ・シブヤあたりまで続くんです。

鹿島　いわゆる〝戦後〟が色濃く残っていた時代まで続いたわけですね。

斎藤　みんな角刈りか坊主頭で、下駄、着物姿。お相撲さんじゃないのに土俵入りみたいなことをしたり、四股を踏む。「ジュードー・チョップ」なんていう柔道にない技を使ったり。要は当時のアメリカ人は、柔道も空手も日本人も中国人も区別がつかないから、いろんなイメージが混ざり合っていた。いまの大雑把なアジア人に対するヘイトに近かったんです。

鹿島　その曖昧なヘイト感情を、グレート東郷らはまんまと利用していたと。

斎藤　きっとヘイトってシンプルな入り口を好むんですね。黒人だから悪いヤツに決まってるとか。だからグレート東郷も、アメリカ人が思い浮かべる悪のイメージってことで、デビュー当時は「グレート・トージョー」を名乗っていたんですけど、東條英機そのままの「トージョー」はまずいだろってことで「東郷」にマイナーチェンジしたというエピソードもある。

――「トージョー」だと、さすがにシャレにならないわけですね。

斎藤　同じような理由で変更されたリングネームでいうと、近年では鈴木健想がWWEに行ったとき、最初に用意されていたリングネームが「ヒロヒト」だったんですね。

鹿島　そのまんまですね（笑）。

斎藤　向こうは「なんでダメなの?」って感じだったらしいんですよ。健想選手が「ヒロヒトは絶対にまずいです。問題になります!」って言っても、向こうはまだキョトンとしていたっていう。わかんないんでしょうね。

――ミスター・ヒトさんの「ヒト」はヒロヒトの「ヒト」なんですよね。

斎藤　そうなんです。それも「ヒロヒト」そのままじゃまずいから「ヒト」にしたという。

――だから、かつてアメリカのプロレス界は、大衆の潜在的な差別心のようなものを、どこかカジュアルに興行に使っていたようなところがありましたけど、いまはそうしたものがほぼなくなりましたよね。WWEに「悪い中国人」みたいなキャラクターは出てこないですもんね。

斎藤　ありませんね。80年代までのWWEはわりとステレオタイプな誇張があったりもしますけど、差別的なアプローチだったり、国籍や肌の色で優劣をつけたりすることは、まずないですね。WWEはパブリックトレードカンパニー、つまり株式を公開している上場企業なので、現実問題として差別的な単語やコンプライアンスに引っかかるようなきわどいストーリーラインは一切使えないんです。

鹿島　だからこそ人権的な部分で進んでいるわけですね。

斎藤　そういう面でも近代的な会社になっているわけです。

鹿島　冒頭で、あの頃は無思想だからこそ、ヘイト的な感情のはけ口としてのエンターテインメントになっていたという話をしましたけど。いまはそこはちゃんと管理されているわけですね。

――WWEは民族差別的なアプローチをエンターテインメントに落とし込むことを一切しなくなりましたけど、逆にそういう規制がまだゆるいUFCなんかでは観客側にそういったものが残っていたりするんですよ。

鹿島　スポーツであるがゆえに、主催者が意図していない部分でそういうことが起こってしまうわけですか。

――そうなんです。UFCはこの春から有観客での大会を再開しているんですけど、ジャン・ウェイリーという中国人女性チャンピオンに対して、あきらかに「アメリカ人vs外国人」という意味を超えたブーイングが飛んでいたんですね。UFCっていまやメジャーなスポーツで、一般のスポーツ観戦する人たちがアリーナを埋め尽くしているからこそ、日常生活では大っぴらに口にすることはない、深層心理の差別心みたいなものが、スポーツの応援で出ちゃっているなと感じたんですよ。

鹿島　かつてのプロレスにあった無意識の大衆の声が反映されて、はけ口になっちゃっているわけですね。

斎藤　そのとき、実況や解説者はどういうふうにまとめていたんですか？

――アメリカの実況、解説者がそのときになんと言っていたかはわからないんですけど、たとえば試合前の記者会見で舌戦になったとき、相手選手に対して民族差別的なことを言ったら、もの凄く批判されるんですよ。でも観客の声みたいなものはコントロールできないので、どうしても「アイツをやっつけろ!」みたいな空気になることがある。

斎藤　それはシュート競技の宿命なのかもしれないですね。誰かがやられているところを観たいという欲求もあるだろうし。

――凄くカジュアルに自国の選手に声援、他国の選手にブーイングという観戦スタイルがあるので、ヘイトな罵声やブーイングが入り込む余地がある。そういう面ではWWEのほうがずっと進んでいるなって思いますね。

斎藤　WWEはファミリー・エンターテインメントですから基本的なスタンスは凄くリベラルですよ。「この国の人だからヒール」ということは完全になくなりました。アメリカでは、肌の色や宗教的、民族的なバックグラウンド、しゃべる言語、そしていまいちばん重要なテーマとして性的マイノリティ（性自認）を理由に差別してはいけませんということを、小学校でしっかり習いますしね。日本はそういう教育が遅れているというか、そういう授業自体が存在しないのが現実だけど。

鹿島　トランプが大統領に就任したとき、ボクはラジオ番組でフミさんに取材をさせてもらったんですけど。そのとき、「ビンス・マクマホンはトランプと仲がいいから、今回大統領になったことで鼻高々ですか？」って聞いたら「いや、じつはそうでもない」と言われていましたよね。「WWEは全世界に発信しているエンターテインメントだから、むしろ黙っている」みたいな。これが昔だったら、トランプが中国、ロシアなんかに対して言うことをリングで使う可能性もあったけれど、30年前とは違う、という。

「武藤敬司は身体能力が凄すぎて、ヒールでありながらその動きでアメリカの観客の目を釘づけにしてしまった」（斎藤）

――イラク戦争や湾岸戦争に乗じて、アイアン・シークやサージャント・スローターをヒールで使った時代とは違うってことですよね。

斎藤　東西冷戦時には、イワン・コロフとかニコライ・ボルコフとかロシア人をヒールとして使ったりした時代がありました。そういうことは、もうないです。いまは家族愛やファミリーの名誉を論じるローマン・レインズがヒールの親分で、セス・ロリンズは人類を救済してくれるメシアで、どっちがヒールかもわからないようなディスプレイになりつつありますから。

鹿島　その選手個人のキャラクターの闘いになっているわけですね。

斎藤　第2次世界大戦の前後までは日本人のずるいヒール、ドイツ人のナチスの亡霊ヒールがいてっていうのがあったけど。その後、冷戦時代のストーリーラインとしてロシア人ヒール、あとはイラク人ヒールが増えていった。そのへんまではわかりやすかったけど、いまたとえばイスラエルやアフガニスタンの問題でヒールを作るって難しいじゃないですか。

鹿島　問題が単純じゃないわけですよね。

斎藤　しかも、そういう国際問題を出発点にしたヒールが成功しすぎると、それこそテレビで繰り返し流される偏った映像と情報がヘイトクライムの土壌になったりする危険性もある。だから9・11のあとにちょっとだけ、イラク人キャラのヒールっていうのが出てきたんだけど、「これはまずいな」ということで、すぐに引っ込めましたからね。

——シャレにならないから、すでにそういう国際問題系ヒールは禁じ手になっているわけですね。

斎藤　まさにポリティカル・コレクトネスの時代ですよ。まあ、そうじゃないものもウケたりはしているけど、根本はポリティカル・コレクトネスは守らなければならない現代のルールですから、「そういうところでそういうことを言っちゃいけないの！」っていうのは徹底していますよね。

鹿島　皮肉ですよね。プロレスが進化して「差別心を利用するようなことはやめよう」と言ってるのが、政治の場ではどんどん利用されているっていう。

斎藤　イロハのイで、人々を分断することで権力を維持するという。

鹿島　仮想敵を作ってね。でも、いまやプロレス界ではそういう手法は使わず、「いろんな価値観があっていい」という進歩的な考えを実践している。そこがおもしろいですよ。

——いま、WWEには日本人選手が何人も上がっていて、ヒールをやっている人もいますけど、「日本人だから」という理由でヒールなのは、ひとりもいませんからね。

鹿島　昔は日本人レスラーの海外武者修行といったら、例外をのぞいて、ほとんど「日本人だから」という理由でヒールでしたけど。大きく変わりましたよね。

斎藤　かつてのアメリカのプロレス界では、1950年代からずっと続いて1980年代半ばまで、田吾作タイツを履いたヒールでしたからね。蝶野正洋ぐらいまで、それが残っていた。

——闘魂三銃士のときの白のニータイツは、その名残りですよね。

斎藤　太ももの部分に「JAPAN」って文字を入れてましたもんね。あれはマサ（斎藤）さんへのオマージュだったのかもしれないけど。それ以前にアメリカにいた、ザ・グレート・カブキになる前の高千穂明久とか、ケンドー・ナガサキに変身する前のミスター・サクラダ、アメリカ武者修行時代のグレート小鹿や上田馬之助とか、みんな田吾作タイツですよ。それで塩を撒いて、ずるい反則をする。「日本人」というのは、それをやらなければいけないキャラクターだったんでしょう。

鹿島　そういう意味で言うと、武藤（敬司）さんっていうのは画期的だったんじゃないですか？

斎藤　そうですね。身体能力が凄すぎて、ヒールでありながらその動きで観客の目を釘づけにしてしまうという。アメリカに最初に行ったときはブラック・ニンジャだかホワイト・ニンジャだかという、いわゆる忍者キャラから始まって。

鹿島　「ずるい日本兵」のイメージより、「忍者」のほうが時代的に受け入れられるようになったんでしょうね。

斎藤　映画の影響もある新しいキャラクターでしたね。ショー・コスギとかが出てきたあとですから。

——『ベスト・キッド』とかそういう世界の延長でもありますよね。

斎藤　もちろん、それもまた一種のステレオタイプなんだけど、それなりに進化していますよね。

——80年代と60年代じゃ、世相がまったく違いますもんね。もはや戦後を引きずって見ている人は誰もいないという。だから武藤さんとマサさんでは、同じ全米トップヒールでも違う道を歩んできた。

斎藤　マサさんの場合、世代的に日系ヒール第一世代のベテランを助けて歩いていたんですよ。最初に行ったサンフランシスコ時代は、歳が自分よりも15も上のキンジ・シブヤさんのタッグパートナーとして、リング上ではマサさんが9割も試合をしていたらしいですよ（笑）。

——90年代の狼群団で、蝶野さんはいいところで出てくるだけで、天山広吉がほとんど出ずっぱりだったのと同じですね（笑）。

斎藤　フロリダに行けばヒロ・マツダさんがいて。マツダさんはベビーフェイスだったから、自分はヒールに回って日本人対決をすることで助けたわけですよ。そしてニューヨークでは、日本語がしゃべれないミスター・フジとタッグを組んでましたからね。

鹿島　マサさんは凄いですね。

斎藤　ベテランと組んでメインイベントに立てるから、若い頃からギャラもよかったみたいなんですよ。マサさんは、キンジ・シブヤ、ミツ・アラカワなどいわゆるグレート東郷世代よりはひと世代若いので。

「日本のガラパゴス文化というのはマイナスの意味で使われることが多いけど、プロレスに関してはそれが大きなセールスポイントになっている」（鹿島）

鹿島　大御所MCが番組で重宝する若手芸人みたいですね。「おまえ、裏回しやって」みたいな感じで一緒に売れていくという。ともすれば日本人レスラーは、修行で海外に行くとだいたい同じパターンかと思いきや、マサさん、武藤さんみたいな全然違うパターンもあったんですね。

斎藤　その時代に合ったプラスアルファがついていると思います。またボクら日本のファンから見れば、日本人の期待の若手が順番に海外遠征に出て行くっていうのは凄く夢がありましたよね。それで月刊のプロレス雑誌に海外で闘っている試合写真が掲載されて、「意外とアメリカで活躍してるな」ってうれしくなったり。

——それまで前座だった若手が、本場アメリカでチャンピオンシップをやっていたりするわけですもんね。

鹿島　80年代後半になって、馳浩さんがベトコンになったのもおもしろかったですよね。

斎藤　あの時代は、キャラクターとして日本人が必要なくなったというか。カルガリーには日本人選手が常に何人かいましたから、神秘性も薄れていたんだと思います。

——日本経済が絶好調で、世界中にトヨタのクルマが走っている時代ですもんね。田吾作タイツじゃリアリティがなさすぎるという（笑）。

鹿島　その馳浩は、のちに文部科学大臣になってからベトナムに訪問しているんですよね。あれは感慨深いものがありましたよ（笑）。馳さんの中ではどういう気持ちだったんだろうと。だってベトコンですよ？

——元ベトコンの凱旋（笑）。

鹿島　ベトナム国民は知ってるのかって思いましたけどね（笑）。

——日本人レスラーのアメリカでの活躍も、

いまはだいぶ変わりましたよね。70年代までは戦争を引きずったヒールだったのが、いまは「日本のプロレス」そのものや「ストロングスタイル」がいちばんのセールスポイントになっているという。

斎藤　だからSARRAY（元Saree）みたいな選手は、「日本と同じスタイルでやってください」と言われてWWEに行ってますよね。NXT UKではコーチ兼任になる里村明衣子ももちろんそういう路線です。

鹿島　情報の発達、映像の発達もあって、アメリカのコア層は「日本のあの選手を、日本のスタイルのまま見たい」というニーズになっているんでしょうね。また、日本がプロレス先進国で、海外の人たちがあこがれるようになって。

斎藤　選手や関係者にとって、日本はまだまだプロレスの夢の国であり続ける。他国とは違った形でガラパゴス発展したという歴史があるし。

鹿島　一般的に言うと、日本のガラパゴス文化っていうのは「そこでしか通用しない」「ワールドワイドじゃない」「グローバルじゃない」というマイナスの意味で使われることが多いですけど、プロレスに関しては、それが大きなセールスポイントになっているわけですね。

斎藤　日本はプロレスを輸入したときから、アメリカのまんまのフォーマットでやらなかったからよかったんだと思います。真剣勝負的なテイストを多分に含んだプロレスとして、またそれを真剣に論じるプロレスファンがガラパゴス的に生息して、それが70年続いたことで、いまの型ができたわけですから。

——世界に類を見ないプロレスとして、価値が生まれたわけですよね。

斎藤　そのジャパニーズスタイルのプロレスをやってみたいと海外の人たちが、新日本の道場でヤングライオンになるという流れもすでにできていますしね。

——かつて日本から、ゴッチ道場に修行にいくような感じの逆バージョンで、アメリカやイギリスから新日本の道場に入る人が何人もいるという。

斎藤　ケニー・オメガ、ジェイ・ホワイトみたいな〝日本製〟のトップレスラーも生まれてきていますからね。

——だから「猪木イズム」や「ストロングスタイル」は過去のものみたいな言われ方をした時期もありましたけど、日本が世界に誇る財産だったわけですよね。

斎藤　本当ですよ。トリプルHみたいな人が、それを学習、研究して、猪木さんのことや日本の道場システムのことをなんでも知っているような状態になって、WWEにそのエッセンスを導入しているわけですからね。

——SARRAYや里村選手の試合を向こうの実況で観ると、「ジョシプロレス」っていうカタカナの言葉が凄く肯定的に使われていますよね。その「ジョシプロレス」というのは、つまり全女スタイルのハードなプロレスを意味する言葉になっているんですよね。

鹿島　世界に愛される日本のカルチャーはアニメだけじゃなく、プロレスもそうなんだぞと。

――リアル・クールジャパンですよ。政府の援助なんかはまったくないけど、世界に通用しているわけですから。

斎藤　新日本プロレスが2019年にマディソン・スクエア・ガーデン大会にこぎつけたのは、提携先であるROHの弁護士が「MSGをWWEだけに使わせるのは独禁法違反ですよ」と訴えたことで使えるようになったというじかにもアメリカ的な展開はありましたが、その前に2年間にわたって、毎週ケーブルテレビで『ワールドプロレスリング』の編集版を英語実況つきで観せていたから、アメリカ人の間で「生で観たい」という欲求が高まった結果ですからね。

鹿島　言葉をかならずしも必要としない、試合映像だけで海外の人たちにもわかるというのが、プロレスの強みですよね。

斎藤　そして新日本&ROHのマディソン・スクエア・ガーデン大会に満員の観客が集まって、メインイベントで現地の人たちがオカダ・カズチカの試合に熱狂していた。これは凄いことだと思いました。

鹿島　かつてアメリカマット界では、「日本人」というだけで田吾作タイツを履いた悪役だったのが、MSGという殿堂でスーパースターとして主役を張るようになったわけですからね。

斎藤　プロレスは技術面だけでなく、そういったオーディエンスへのアプローチの面でも進歩しているし、オーディエンスのほうにも偏見、差別的な視点はまったくない。そこはプロレスに関わっているすべての人びとがもっともっと誇っていい部分だと思いますね。

プチ鹿島
1970年5月23日生まれ、長野県千曲市出身。お笑い芸人、コラムニスト。
大阪芸術大学卒業後、芸人活動を開始。時事ネタと見立てを得意とする芸風で、新聞、雑誌などを多数寄稿する。TBSラジオ『東京ポッド許可局』『荒川強啓 デイ・キャッチ！』出演、テレビ朝日系『サンデーステーション』にレギュラー出演中。著書に『うそ社説』『うそ社説2』(いずれもボイジャー)、『教養としてのプロレス』(双葉文庫)、『芸人式新聞の読み方』(幻冬舎)、『プロレスを見れば世の中がわかる』(宝島社)などがある。本誌でも人気コラム『俺の人生にも、一度くらい幸せなコラムがあってもいい。』を連載中。

斎藤文彦
1962年1月1日生まれ、東京都杉並区出身。プロレスライター、コラムニスト、大学講師。アメリカミネソタ州オーガズバーグ大学教養学部卒、早稲田大学大学院スポーツ科学学術院スポーツ科学研究科修士課程修了、筑波大学大学院人間総合科学研究科体育科学専攻博士後期課程満期。プロレスラーの海外武者修行に憧れ17歳で渡米して1981年より取材活動をスタート。『週刊プロレス』では創刊時から執筆。近著に『プロレス入門』『プロレス入門II』(いずれもビジネス社)、『フミ・サイトーのアメリカン・プロレス講座』(電波社)、『昭和プロレス正史 上下巻』(イースト・プレス)などがある。

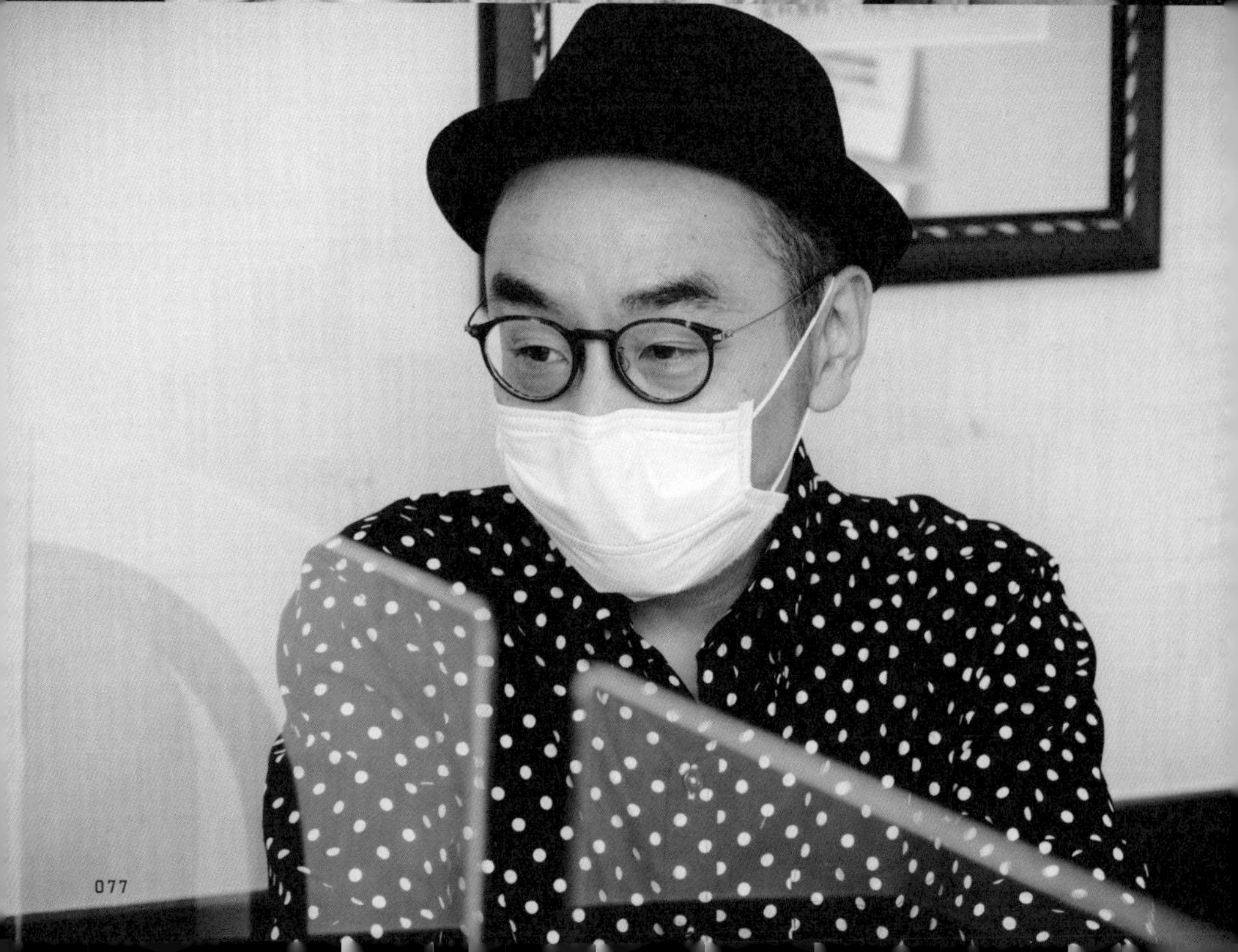

KAMINOGE GIANT SQUID COUPLE

日本一の天然夫婦か⁉

ついにご主人も登場で事態は風雲急を告げる‼

収録日：2021年5月21日
撮影：タイコウクニヨシ
聞き手：井上崇宏

［料理人・元CHA-CHA］

西尾拓美

「みなさんはちょっと勘違いをされているんです。天然っていうのは大自然ってことですからね。自然を甘く見ると命を落としますよ」

［女優・タレント］

西村知美

「どうやったら主人が早く帰宅してくれるかと考えて、 テニスルックや水着姿で迎えてみたりしたんだけどまったく喜んでくれなくて」

「初めて出会ったとき、主人は私のことを全然知らなかったんですよ。『あまりテレビは観ない』って言っていて」（西村）

――『KAMINOGE』が選ぶ「日本一のおしどり夫婦」ということで、今日は西尾さんもよろしくお願いいたします！

西村　そんな立派なタイトルが！（笑）。すご～い！

西尾　いつも妻がお世話になっているみたいで、こちらこそよろしくお願いいします。

――西尾さんにしてみれば、『KAMINOGE』登場は巻き込まれ事故のような感覚かと思うんですが（笑）。

西尾　アッハッハッハ。結婚して何年になるんだっけ？

西村　来年、銀婚式ですね。

西尾　じゃあ、今年で24年か。

西村　1997年に結婚したんですけど、知り合ったのは私が17歳で主人がハタチのときで、ずっと長い親友関係が続いてっていう感じですね。

西尾　それこそいまから34年も前の話なので、そう考えると凄いですよね。ボクは昭和42年生まれなんですけど、昭和42年から22年前ってまだ太平洋戦争をやっていたんですよ。34年前っていうと、それよりももっと昔なわけじゃないですか。

西村　長いねー。

西尾　戦争よりももっと前から知り合いだったんだと思うとね。

――戦前から知り合っていた（笑）。

西尾　そういう感覚ですよ。だって湾岸戦争はボクが21のときで、それからだってもう33年経っているんですよ？

――すべて戦争基準！

西村　もう半世紀生きているわけだから、昔は人生50年で長生きだったってことだから、めちゃくちゃ生きてますよねー。

西尾　だからテレビとか観ていて、「最近はコロナも高齢者より若者のほうが感染者が多くなっている」と聞いて「危ないな」とか思うんだけど、「あっ、ボクは若くない、若くない！」みたいな（笑）。

――あっ、その感覚はありますよね（笑）。

西尾　ねっ？　ありますよね？　ずっと若者の感覚でいるの。「バカバカ、おまえは若くないよ！」って。

西村　私も普段こうしてお仕事をさせていただいて、かわいらしいレースのお洋服とか着させてもらうと感覚的に若いイメージでいて、見た目は違うんですけど心の中ではまだ10代、20代の気持ちでいるんですよね。そうするとお店とかに行って、「私、この歳だからもう機械が全然わからなくて」って言ったら、ちょっと前までは店員さんも「いやいや、まだお若いでしょ」ってお世辞を言ってくれていたのが、最近は「仕方ないですよね」みたいな（笑）。「あっ、そっか。もうそういう歳になったんだ〜」って思いますよね。

西尾　いま令和でしょ。昭和、平成、令和と時代を3つ見ちゃっているわけだから、それだけでもずいぶん生きちゃった感じがするじゃない。

西村　令和の方とはもう会話が成り立たないよね。

——西村さん、令和の方は最年長でまだ3歳ですから（笑）。

西村　あっ、そっか！「令和の人と出会ったら、どうやって会話をしたらいいかわからない」とずっと凄く心配しちゃってました（笑）。

西尾　平成元年生まれのコはもう30いくつになっているわけでしょ。

西村　私が堀越高校を卒業した年が昭和64年で、その年が平成元年ですよね。

西尾　ボクはその前の年の昭和63年にデビューしてるんだもん。

西村　初めて出会ったのは文化放送のラジオドラマの相手役として来ていただいたのが最初で、彼がまだCHA－CHAになる前だったんですよ。声優の仕事をしているときだっけ？

西尾　声優をやってたね。

西村　それで「私のことを知ってますか？」って聞いたら、主人は全然知らなかったんですよ。「あまりテレビは観ない」って言っていて。

西尾　ハタチとかその前後のときって、「高校を卒業してこれからどうしていこう？」っていう年齢でしょ。大学に進学したわけでもないし、ましてや劇団なんかに入っていて、ここからどうやって食っていこうかっていうときなので。申し訳ないけど、テレビなんて観ている場合じゃなかったんで。

西村　だから芸能人の名前を挙げていってもほとんど知らなくて、「誰のファンなの？」って聞いたら唯一、原田知世さんのファンだって。

西尾　それも高校生の頃の話で、ボクは彼女と同い年だから「同い年なのに凄いな」と思って。かたや足立区の隅っこのほうでオートバイとかを見て「いいねー」なんて言ってるかと思えば、原田知世さんはもう全国区じゃないですか。それはもうカルチャーショックでしたよね。でも高校を卒業してからはテレビとかもいっさい観なくなって、ずっとアルバイトをしながら演劇とかだから。

「サプライズのスイーツに『Happy Birthday! TATSUMI』って書いてあったんですよ」（西尾）

——ではお互いに「どういう人なんだろ？」っていう。

西尾　まあ、彼女がボクのことを知るわけがないですよね（笑）。

——西尾さんはいま飲食のお仕事をされていて、でも西村さんはお店には行かれたことがないと聞いたんですけど。
西村　「主人の職場に家族はあまり行くべきじゃない」っていう主人の考えがあって。
西尾　いや、ボクは単純に嫌なだけなんですよ。ウチに帰ってから「あそこが汚かったよ」だなんだって絶対に言うじゃないですか。そういうのが嫌なので「来ないでくれ」と。だから娘は来てもいいんです。娘はそういうことを言わないから。
西村　ウフフフ～。
――じゃあ、仕事とプライベートのオンとオフをきっちり分けているというわけじゃなく、西村さんが来るのが嫌だと（笑）。
西尾　この人が嫌なんです（笑）。
――西村さんがそういうお小言を言うタイプには見えないですけどね。
西村　でも、そういうダメ出しって家族しか言えないじゃないですか？
西尾　ハッキリ言って、そういうダメ出しは家に帰ってまでいらないんですよ。
西村　貴重な意見だと思うんですけどね～。なのでお客さんとしてお店で食べたことはないから、どんなお店なのか全然わからなくて。
西尾　いや、来たことはありますよ。ただご存知の通り、そういうことは忘れちゃうんですよ。
西村　忘れるんですよねー。何年か前に娘が学校のイベントでお泊りがあって、主人とふたりだけだったことがあるんですよ。それがちょうど主人の誕生日でもあったので、「ふたりでお食事に行こう」って素敵なレストランを予約して行って、最後にサプライズでお店の方に名前入りのスイーツを出してもらったら、主人が「ありがとう！」って凄く喜んでくれたんですよ。
西尾　「おー、ありがとう！」って言ったんだけど、なんかこう違和感があるんですよ。
――スイーツに違和感が。
西尾　「なんだろう？　なんかしっくりこないんだよな……」と思って。それでよーく見たら「Ｈａｐｐｙ　Ｂｉｒｔｈｄａｙ！　ＴＡＴＳＵＭＩ」って書いてあったんですよ（笑）。
――タツミ！　ウソでしょ～!?
西尾　「あの～。ボクの名前、知ってるよね？」って（笑）。
西村　「ずっとタツミだと思ってたの？」って言われて（笑）。私の滑舌が悪くて、うまく伝えられていなかっただけなんですけどね。
西尾　「もしかしたら彼女はボクの名前を知らないんじゃないかな」って。ノンフィクションな人なので、ありえるんですよ。
西村　けっこうありえるんですよねー。
西尾　彼女は出身が山口じゃないですか。それで家族で行っ

て、ご両親とみんなで旅行をしようっていうので角島っていう島に行ったんですよね。凄いんですよ、角島大橋っていうまるでフロリダのキーウェストのような長い橋をクルマで渡るんですけど。

西村　映画のロケ地になったりしていて、私が「行ってみたい！」って言ってね。

西尾　「じゃあ、そこに行ってみよう！」と。それで行ったら、たしかに日本とは思えないような絶景で、海は綺麗だし、白い灯台があってそこにも入れたりするんですよ。それでその灯台の下におかあさんがひとりでやっている浜小屋みたいなのがあって、そこでイカを焼いてたりとかしていて。

西村　イカがくるくる回ってるのよね～。

西尾　初めて来たし、おいしそうだから食べてみようっていうことで、そこに入って「すみません、イカと……」って頼みながらパッとお店の壁を見たら、おかあさんがそこに訪れたいろんな有名人のサインを飾っているんですよ。そうしたら彼女のサインもそこにあるんですよ！

――アハハハハ！　ウソでしょ～!?（笑）。

西尾　「もう来てんじゃん!!」ってなって（笑）。

西村　まったく来た憶えがないんですけど、たしかに私のサインがあって……（笑）。

西尾　それでもう、娘と一緒にひっくり返っちゃって。

西村　しかもそのサインに「また来ます！」って書いてあって（笑）。

――アハハハハ！　たしかに来た（笑）。

西尾　だから物事をすぐ忘れちゃうんですよ。

西村　忘れたり、勘違いをしたりとかが多いですねー。

「ガソリンスタンドでお店の人に私だって気づかれたので、『ハイオクでお願いします』って言ったんです」（西村）

西尾　ボクが10何年も乗っている赤いクルマがあるんですけど、買って何年も経ってですよ、そのクルマを見て「あれ、クルマ換えたの？」って言われましたからね（笑）。

――ウソでしょ～!?（笑）。

西村　私はクルマにまったく興味がないと言ったら失礼なんですけど、覚えられないんですよ。だから仕事でも「じゃあ、お疲れさまでしたー！」って言ったら、とりあえず目の前にあるクルマに乗ろうとするんですよね。そうしたらマネージャーさんから「ちょっと待って！　それ、あきらかにウチの移動車と違うでしょ！」って。でも同じバンだし、似てると思っていても、色が違うみたいなんですよ。あれ、いまの移動車って何色？

マネージャー　黒ですよ、黒。

西村　それが白いクルマでもとりあえず目の前にあったら乗っちゃうんですよ〜。

――さらわれますよ、本当に（笑）。

西尾　その程度のことじゃ、もうこっちも驚かなくなっているんで。だから「クルマ換えたの？」って言われても「うん、そうそう」って。そこでもういちいち訂正してね、「最初から赤かったじゃん！」って言うのすらめんどくさくなって。

西村　ウフフフ〜。元わらべの倉沢淳美さんがやっぱり私と同じ感じで、クルマとかの見分けが全然つかないんですよ。昔、倉沢さんとかみんなで長崎に遊びに行ったときのこと、憶えてない？

西尾　なんかあったっけ？

西村　私たちが乗っていたバンとまったく同じクルマが隣に停まっていて、それで倉沢さんがひとりで「どうしよう、どうしよう……」って言っているんですね。それでみんなが「なんで？」って聞いたら「だってさ、同じクルマだからこっちの人たちが私たちのクルマに乗って帰っちゃうよ」って凄く心配されていたんですよ。

西尾　あー。「これ、間違えてこっちに乗って行っちゃったらどうするの？」なんて言っていてね。「そんなわけあるか!?」って（笑）。

西村　私も「本当だね。どうするんだろう……？」って一緒になって心配していたんですけど。

――西村さんも一緒にオロオロし始めて。

西村　そうしたらみんなが「いや、大丈夫だよ。だってカギがあるじゃん」って言うんですけど、私は同じクルマだったらカギも全部一緒だと思っていたんですよ。

西尾　ユンボじゃないんだから（笑）。

――ユンボ！（笑）。

西村　だからあのときは「えっ、カギってクルマごとに違うんだ!?」って凄くビックリしましたねー。あー、懐かしい。私はいちおうクルマの免許を持ってるんですよ？

――知ってます（笑）。

西尾　「エンジンブレーキってどこで売ってるの？」って聞いてきたこともあったよね。

――えっ!?

西村　エンジンブレーキがなんなのか、よくわかっていないんですよー（笑）。それとかガソリンスタンドに行ったとき、いつもはレギュラーを入れるんだけど、お店の人に「あれ、西村さんですか？」って気づかれたから、レギュラーだとちょっと恥ずかしくなって「すみません、ハイオクでお願いします」って言ったんですよ。でも、あれって混ぜちゃダメなんだっけ？

西尾　ダメではないけど、エンジンによってレギュラーガソ

リンを使ってくださいとか、ハイオクガソリンを使ってくださいっていうのがあって、そこをあまりポンポン変えたりしたらエンジンがビックリしちゃうからね。

西村　あー。「とりあえずハイオクで」って言っちゃった。

西尾　べつにドンペリを頼んでるわけじゃないので、そこでの見栄はいらないからね（笑）。彼女って、悪く言うと外面がいいところがあるんですよ。

——意外と見栄っぱりなところがあるんですね。

西尾　凄く見栄っぱりなんです。前にボク、急性腸炎になって家でダウンしたときがあって、熱も出るし朦朧としてきちゃって、もう立てないくらい。それで「ちょっと……救急車を呼んでくれる？」って言って、とりあえず救急車を呼んでくれたんですよね。それで救急隊が来て「立てますか？　じゃあ、手に捕まってください」って運ばれて彼女も一緒に救急車に乗ったんですけど、その救急隊員の中にたまたまボクらが受けた上級救命講習の講師だった人がいたんですよ。「あっ、西村さん。じつはボク、あのときの講師で行ってたんですよ」「あっ、そうですかー！　どうもその節はお世話になりまして～」って始まって、ピーポーピーポー鳴ってる中で凄い談笑してるんですよ（笑）。

——薄れていく意識の中で（笑）。

西尾　こっちは苦しいから「そういう話、いまはどうでもいいから……」って思いながら。それで病院に着いて運ばれていくときに、その人に向かって「またお願いします！」って言ってて、「またボク、倒れなきゃいけないの!?」って（笑）。

西村　そもそも、なんで食中毒になったかというと、私がお祭りに行ったときに主人が大好きな焼きイカを出店で売っていて、「これは主人が喜ぶぞ」と思って買って家に帰ったんですよ。

——またイカ。

西村　それですぐに帰ればよかったんですけど、真夏にいろんなところに寄り道をしながら帰宅したんですね。そして夜に主人が仕事が終わって帰ってきて、その焼きイカを凄く喜んで食べてくれたんですけど。

西尾　次の日に倒れて（笑）。

西村　もう起きられないくらいに「痛い、痛い……」って言っていて。「救急車を呼んでくれ」って言われても私は救急車を呼んだことがないから「えっ、そこまで大変なの？」って。そうしたら「とにかく一刻も早く呼んで」って言うから「えっ、本当に呼ぶの？」っていうためらいがもの凄くあって（笑）。

——ためらいが。

西尾　「えー、だって呼ぶってさ……本当に呼ぶの？」なんて言っていて、「ま、まだ電話してないの……？」みたいな。

「天の力が動くものっていうのは、人間の知恵をもってしても避けられない。じっと通り過ぎるのを待つしかない」（西尾）

西村　「あと10分くらい経ったら痛みもおさまるんじゃないかな」とか。

西尾　いやいや、こっちはどんどんひどくなってるんですよ！　熱も上がってるし。

西村　でも主人はもともと声優になる前は劇団のほうにいたので、演技じゃないですけどアピールするためにそういうふうにやってるのかなって思って。

西尾　えっ、そうなの!?

西村　大げさに苦しんでるから「甘えてるのかな？」って（笑）。

――アハハハハ!!

西村　「またそんな大げさな。イカでそんなー」って。私はイカでそんなことになったことがないし、救急車って死ぬ寸前でもなければ呼んじゃいけないものだと思っていたので。

西尾　でも自慢じゃないですけど、ボクはかなり我慢強いほうなんですよ。そのボクが救急車を呼んでくれって言うくらいだから相当なんですよね。本当にシャレや冗談じゃないんだから「もう早くしてください……」っていう。

――だってイカを食わせたのも西村さんですよね。

西村　そうなんですよ。喜ぶと思って買ったんですけど凄く苦しんでいて（笑）。

――そして西尾さんがのたうち回っている姿を見て、「芝居かな？」と（笑）。

西村　「さすが舞台出身だな！」って思いましたね（笑）。

西尾　それで病院でまた見栄っ張りなところが出てね。ボクが診察室で寝かされて、看護師さんから「きのうは何を食べましたか？」って聞かれたときに「イカと焼きそば……」って言ったら、彼女がすぐに止めに入るんですよ。「いやー、ちょっときのうはお祭りがありましてー！」って。

西村　だって「イカと焼きそばって、どんな晩ごはんなんだ？」って思われちゃうじゃないですか。でも入院もしないですぐに家に帰ることができたし、大事に至らなくてよかったよね？

西尾　いや、かなり大事でしたよ！（笑）。

――アハハハ。こうしていまだから笑って話せることってありますけど、やっぱり西村さんと一緒に生活をしていると、そういう死の予感みたいなことってけっこうありますよね？

西尾　ありますね。それが日常なので。みなさんはちょっと勘違いをされているんです。よく彼女のことをね、「天然だ」っていろんな方が言われるでしょ。「奥様は天然でかわいいですね。おうちでも楽しいでしょう」とかって言われるんですけど、「天然を勘違いしないほうがいいですよ」って言いたいです。

——どういうことですか？

西尾　天然っていうのは「大自然」っていうことですからね。自然を甘く見ると命を落としますから。

西村　じゃあ、私は天災ってこと？

西尾　そう。地震とか台風、大雨、雷、そういう天の力が動くものっていうのは、人間の知恵をもってしても避けられないものじゃないですか。だからじっと通り過ぎるのを待つしかないんだけど、家にずっと台風がいる状態です。

——家にずっと台風がいる！（笑）。

西尾　もちろん自然っていうのは、燦々と輝く太陽だってあるわけですよね。豊かな森林だったり海、それも大自然ですよ。でも、ときどき自然というものは予期せぬ爪を見せるんです。だから「うっかりとぽかぽかの太陽のもとで油断をしていると命を落とすよ」って。

西村　怖〜い。

西尾　だから生きていくために人間は常に備えておかなければいけない。天然ってそう甘く考えてはいけないんですよ。

——今後は西村さんとのスタンスを改めたいと思います。

西村　私が結婚したときの目標というか理想の家庭は「落ち着かない家」だったんですよ。

——落ち着かない家？

西村　なんでかと言うと、家で何が起こっているかわからないと「早く帰らなきゃ！」っていう気持ちになって、主人もどこにも行かずにまっすぐ帰ってくるじゃないですか。

西尾　ところが大失敗だったのは、落ち着かない家っていうのは単純に帰りたくないんですよ（笑）。

西村　明石家さんまさんの『スーパーからくりTV』に出させていただいたときに、みなさんがそのことで凄く相談に乗ってくださって、「どうやったら主人が急いで帰ってきてくれると思いますか？」って聞いたら「やっぱりコスプレが大事だよ。色っぽさを出すべきだ」って言われて。

——ほほう！

西尾　あの、これはまだ若い頃の話ですからね？（笑）。

西村　それで「どんな格好がいいですか？」って聞いたら「テニスルックがいいんじゃない？」って言われたので、わざわざ上下のテニスウェアを購入して、いちおう形から入るほうなのでラケットとボールを持って家で立っていたんですね。そうしたらさんまさんに「えっ、そこまでやったの!?」って驚かれましたけど（笑）。あと、私は普段水着の撮影はしたくないんですけど、水着姿で迎えてみたりとか、いろんなことをやったけど全然喜んでくれなくて。

西尾　だって完全に変態ですよ。

――変態！（笑）。

西村　水着のときは主人が無言で部屋に戻って、「えっ、なんだろう？」と思っていたら、自分も水着になって出てきたんだよね？　あれは意味がわかんない。

「私のことばかり言っていますけど主人も天然ですからね？　人のことを言ってる場合じゃないよっ！って」（西村）

――奇行には奇行で対応する作戦とか？

西尾　やっぱり自然には自然で対応しないと死ぬ恐れがあるんで。

――ちょっとおっしゃっている意味がよくわかりませんね（笑）。

西村　だけど、こうやって私のことばかり言っていますけど、主人も天然ですからね？　たとえばアプリとかに詳しくないので、私やまわりの人がいろんなアプリを教えてあげたりするんですね。

西尾　そうそう。食事に関わる仕事なので「Ｆｏｏｄｉｅ」というアプリで食べ物が凄く綺麗に撮れるから、それをすぐに入れちゃいなよ」って言われて、会社で会議をしているときに「あっ、これか」ってやっていたんですね。そうしたら「名前を入れてください」みたいになったから名前を入れて、次に「性別を入れてください」ってきたから性別を入れて、そうしたら「生年月日」「趣味」とかどんどん聞かれて。それ、マッチングアプリだったんですよ。

――アハハハハ！　なぜ！（笑）。

西村　ありえないですよね？（笑）。

西尾　いやいや、アプリをやっていると広告みたいなのが出るじゃないですか。

――あー、そこを触っちゃったんですね。

西尾　Ｆｏｏｄｉｅって写真のアプリなのに「えっ、生年月日も？」みたいな感じで進んでいって、最後に「あなたの写真を載せてください」って出たんですよ。「へえー、こういうのもあるんだ」と思って、ついその数日前にツーリングでソフトクリームを食べている写真があったので「あっ、食べ物だからこれでいいや」って載せたら、マッチングアプリに登録が完了したって出て「えーーっ!?」みたいな（笑）。

――西尾さんもたいがいですね（笑）。

西尾　しかも「西尾拓美」ってフルネームで登録して。それで焦ってアプリごと削除しちゃって、「あー、よかった……。いや、よくない、よくない！」って。

西村　退会しないと勝手に消してもダメなんですよね。

西尾　退会をする前に削除しちゃったから、そのマッチングアプリがどこのなんだったのかがわからなくなっちゃったんですよ。

——うわー、怖いですね。

西尾　そうしたら3日くらいして漢字アプリみたいなのをやっていたときに、その広告がまた出てきたんですよ。

——「あっ、コイツだ!」と(笑)。

西尾　「あっ、このマークだ!」みたいな(笑)。それでまたインストールをしたら、自分の名前とかが入っているじゃないですか。

——ソフトクリームを食べている我がの写真と(笑)。

西尾　それでなんとか退会できたんですけど、その3日間はめちゃくちゃ焦りましたよね。

西村　「えっ、この人って西村知美の旦那じゃない？　離婚して相手を探してるのかな?」って思われちゃいますよ。こういうところがあるんですよねー。「人のことを言ってる場合じゃないよっ!」って感じですよ。

西尾　いや、あなたのことは言いますよね(笑)。

——西尾さんはCHA-CHAのメンバーになられて大ブレイクして、CHA-CHAの活動期間って4年くらいですか?

西尾　4年間ですね。

——あのときって、やっぱり気持ち的にはイケイケだったんですか?

西尾　いいえ、ボクは「これは架空のことだ」と思っていましたね。「すべてテレビの為せる業であって、本当のボクではない」って。あれは1989年ですから、終わりかけのバブルの後押しがあってのものですよね。

——そんなに冷静だったんですか?

西尾　わりと冷静でしたね。「長くは続かないだろう。だから先のことを考えなきゃ」って思っていました。

西村　私、さよならコンサートを観に行ったよね。

西尾　うん、みんな来てくれたでしょ。

西村　CHA-CHAって男性グループのアイドルでしたけど、なぜか西尾拓美だけはアイドルの女のコとめちゃくちゃ仲がいいんですよ。

西尾　そうそう。凄く仲良かったんですよ。

西村　男のコの友達ももちろんいますけど、どっちかっていうと女性タレントのほうと仲良しで、ずっといまでも繋がっている人もいるもんね?

西尾　いるいる。

西村　だからCHA-CHAのメンバーからも「得だねー」って感じで言われていたんでしょ?

西尾　まあ、べつにそれで得した憶えはないけどね。損したこともないけど。

西村　異性をまったく感じさせない性格だから、女性タレントが所属する事務所も「まあ、西尾だったらオッケーかな」

みたいな感じで。

西尾　「アイツはべつに大丈夫だろ」みたいなね。

西村　フットワークも軽いから、呼んだらすぐにいろんなところに顔を出していて。そういう部分ではタレントさんからもそうだし、どこの事務所からもかわいがられたりとか。

――むしろ「いつも遊んでくれてありがとねー」みたいな。

西尾　そういう方は多かったですね。たとえばラジオでタレントのコと一緒になったりすると、向こうの事務所のチーフマネージャーから「ごめん。今日ちょっと申し訳ないんだけど、別件でほかの現場に行かなきゃいけないから彼女を送ってもらってもいい？」みたいな（笑）。それでボクもわりと嫌がらないから「あっ、いいですよ」って。自分のクルマで移動していたので。

西村　だから飲みの席とかにもオープンに彼女さんとかを連れて来ていましたし。だからそういう派手な雰囲気はまったくなくて、いつもみんなで仲良く飲んでいた感じでしたね。私はお酒が飲めないんですけど。

「ダイオウイカという神秘的なイカをこの目で見たい。そしてダイオウイカを使ってイカ飯を作りたい」（西尾）

――あれだけ一世を風靡していたのにまったく遊んでいなかったんですね。

西尾　ないですね。もう少ししておきゃよかったってね。利権を利用して（笑）。

――プレイボーイで遊びまくった果ての大自然だったのかなと勝手に思っていたんですけど（笑）。

西尾　違うんですよ。いきなり大自然ですよ。

――いきなり大自然（笑）。

西尾　ただ、やっぱり大自然に慣れるまでに20年くらいの時間がかかりましたよね。

――ついこないだじゃないですか（笑）。

西尾　ほんの4、5年前ですよ。まず火を起こすところから始まるわけじゃないですか。雨をどうしのげばいいんだろうとか、やっぱりそういったことを1から始めたらそれくらいかかるんですよ。やっと「自然と共に暮らす」ということがどういうことかっていうのがわかってきました。だからまだまだネイチャー初心者ですよ。

――西村知美さんは大自然っていうのは凄くしっくりきました。

西尾　だからべつにホワンとしているわけじゃないから油断しちゃいけない。もしこれから先、西村知美と付き合う方がいれば、そこだけは心して。

西村　ちゃんと引き継ぎをしておかないとね（笑）。

――引き継ぎ！（笑）。

西尾　「最初に言っておきますけど、大自然ですからね。私は命の保証はしませんよ」と。

――ボクは西村さんとは多くて月に一度くらいの間隔でお会いしているので、リゾートに来た気分というか、マイナスイオンを浴びて気持ちいいみたいな感覚でいるんですけど。

西尾　そういうものなんですよ。でも毎日一緒に住んでいる人はそうは思わないですからね。

――おいそれと「いいですね。こんな自然の中で住んでいて」って言っちゃダメなんですね（笑）。

西尾　「じゃあ、住んでごらんなさい。すぐにわかるから」と（笑）。

西村　じゃあ、主人とも月1回会うくらいがちょうどいいんですかね？

西尾　まあ、そのぐらいがちょうどいいよね（笑）。

西村　夫婦円満のコツは「会わないこと」っていう。

西尾　あまり会わないほうがうまいことといくと思うんですよね。だから仕事柄、旦那が早く家に帰ってくるっていうのも良し悪しですよ。

西村　主人は飲食なので時間帯が昼夜で逆じゃないですか。なので娘がパパと一緒にいられる時間って少ないんですよ。そうやって考えると、娘にとってパパの存在はレアなんですよ。

西尾　レアキャラですからね。

西村　普通は高校生くらいになったら「パパが嫌だ、ウザい」ってなるのに、ウチの娘はけっこうパパが好きだもんね？それが凄いよね。「パパー！」ってハグができるもんね。

西尾　だから同僚からも言われますよ。「西尾さんの娘さんって、どうやって育てたらあんないいコになるの？」って。「べつにそんな特殊な育て方はしていないけど、あまり会わないことだよ」って言っておきましたけど（笑）。

西村　それと主人は娘を全然叱らないんですよ。「たまには叱ってよ」って言うんですけど、「叱るところがどこにもないよ」って言うので「えーっ!?」みたいな。

――あー、あまり接触がないとそうなりますよね。

西尾　そうなんですよ。

西村　まあ、私が厳しいから。

西尾　彼女はこう見えて家ではかなりの権力を持っていますよ（笑）。とにかく娘のしつけに関しては厳しいので、そこでこっちも口を出してしまうとしつけがブレるじゃないですか？だからボクはしつけに関しては何も言わないんですよ。

――ふたりから叱られると、逃げ場がなくなっちゃいますもんね。

西尾　そうです。ガス抜きも必要だからダメとも言わないし、いいとも言わないしっていう。

西村　だから娘はパパのことが大好きなんですよ。「よかったね」って感じで。

——なんだなんだで凄く仲のいいご夫婦だっていうのは十分わかったんですけど、これからおふたりでやっていきたいことみたいなものってあるんですか？

西村　まったくないよね？　結婚する前のお友達だったときに「みんなでオーストラリアに家を買って、シェアハウスみたいな感じでそこで老後を過ごそう」って言っていた話もまったく消えちゃったし。ただ、こないだも言いましたけど、主人には夢が3つあって「歌手になりたい」っていうのはCHA－CHAでもう叶えて、「料理人になりたい」っていうのはいまなっていて。それともうひとつが「ダイオウイカの研究をしたい」と。この夢はまだあるの？

西尾　それはやっぱり生涯学習というかライフワークでね。ダイオウイカの研究って日本の博士とかが映像を撮ったりして進んでいるんですけど、昔からダイオウイカという神秘的なイカをこの目で見たいっていうのと、それから食べてみたいっていうのがありますね。

西村　ダイオウイカって食べられるの？

西尾　まあ、食べられるけど、いろんな文献とかによると「ダイオウイカは深海にいて、身体を守るためにアンモニアを体内に溜めている」と。「だから身がブワブワでおいしくない」っていうふうに書かれているものもあれば、そうじゃなくて「普通のイカの身のようなおいしさがある」っていう意見もあるんだよね。ただ、実際に食べた人の話じゃないのでわからないんですよね。それこそ頭の先から足の先まで18メートルありますから。

西村　ダイオウイカって凄く神秘的なものだから、それが食べられるものなのかっていう。

西尾　そこでボクはダイオウイカを使ってイカ飯を作ってみたいなと。

——なるほどっ！（笑）。

西村　それはギネスブックに載るかもしれないよね～。

西尾　それこそ山形の巨大鍋で作る芋煮みたいにデカいイカ飯をね。あとはダイオウイカを干してスルメとか。そうしたら月からも「あれ、イカじゃん？」って見えるんじゃないかなって（笑）。

——万里の長城みたいな（笑）。

西村　それでダイオウイカを食べて、万が一また主人が食中毒になったら、今度こそちゃんとすぐに救急車を呼びますよ。そこはちゃんとやります。ウフフ～。

西尾拓美（にしお・たくみ）
1967年6月17日生まれ、東京都足立区出身。料理人。元俳優・歌手・声優。
高校を卒業後、1980年代後半から声優として活動をしたのち、1988年から1990年代前半にかけてアイドルグループ「CHA-CHA」のメンバーとして活躍。冠番組を持つなど「歌って踊れてお笑いもできるアイドルグループ」として一世を風靡した。CHA-CHA解散後も歌手活動やドラマの出演をしていたが、1996年に芸能界を引退、料理人へと転身する。1997年9月17日に西村知美と結婚。アメリカでの料理修行を経て、現在は東京都渋谷区広尾で韓国料理店『韓屋』（ハノク）の店長を務めている。

西村知美（にしむら・ともみ）
1970年12月17日生まれ、山口県宇部市出身。女優・タレント。
1984年11月、姉が写真を応募したことで雑誌『Momoco』のモモコクラブに掲載され、同雑誌が主催した『第1回ミス・モモコクラブ』でグランプリを受賞。これがきっかけとなり芸能界入りし、1986年3月に映画『ドン松五郎の生活』でデビュー。同時に主題歌『夢色のメッセージ』でアイドル歌手としてもデビューを果たす。その後は、ドラマやバラエティ番組、声優や絵本作家として活躍。1997年、元タレントでCHA-CHAのメンバーだった西尾拓美と結婚して、愛娘を授かる。現在も精力的に芸能活動中。

兵庫慎司のプロレスとはまったく関係なくはない話

第73回 カネかかるのね、ライブって

兵庫慎司

兵庫慎司（ひょうご・しんじ）1968年生まれ、広島出身、東京在住、音楽などのライター。そんなふうに、レポがあろうがなかろうが、インタビューの予定が入っていようがいなかろうが、日々あくせくとライブに通っているさまを、音楽サイトDI:GA ONLINEに書いています。『兵庫慎司のとにかく観たやつ全部書く』、月二回アップするペースで連載中。よろしければぜひ。https://www.diskgarage.com/digaonline/zenbukaku

僕は、9割音楽（主にバンドもの）・1割それ以外くらいの、フリーのライターである。29年前に大学を出て、音楽雑誌の出版社（当時。今は、雑誌も出しているけど、フェス／イベントの方が中心です）であるロッキング・オンに就職したのがスタートなので、そこからずっと音楽畑のメディアの仕事をして来た、のだが。

その29年で、ぴあやイープラスやローソンといったチケットの会社に、自分がもっともおカネを払った年は、2020年だった。二番目は、2021年になると思う。新型コロナウイルス禍で、壊滅的にライブの数が減ったことによって、逆にそうなったのだった。

まず、2020年の2月の末、コロナ禍でライブができなくなった頃。いち早く、中止になったライブの代わりに、無観客で配信ライブを行うようになったアーティストたちは、みんな無料で視聴させていた。

が、一回目の緊急事態宣言が終わった5月末あたりから、さすがにタダではやっていられなくなったのと、「ライブを中止にした会場で無観客配信でやる」だけではなく、「最初から無観客配信のためにライブをやる」というケースが増えてきて、有料で行われることが、普通になっていった。

という時に、我々のような、普段タダでライブを観せてもらっている周辺の関係者は、当然、後回しになる。マネージメントやレコード会社が、関係者用の視聴アドレスを作って各方面に送るようになる、そういうマニュアルが固定化するのは、そこから数カ月かかった。

その間、ごく一部の親しいバンドには、お願いして観せてもらったり、あるいは「配信を観てレポを書いてください」という場合は、アドレスをもらえたりしたが、そうでない場合は、買って観るしかない。

で、2020年の秋頃から、観客数を半分に絞って有観客ライブも行われるようになったが、入場者を絞っているんだから、関係者を招待するわけない。コロナ禍以前は、周辺の関係者には、「ご希望の方は招待しますのでご返信ください」というメー

ルがよく届いていたが、それがほぼなくなった。そういうメールが届くのは、東京ドームとかさいたまスーパーアリーナみたいな大会場で、そのバンドにとって重要なライブをやる、というような場合だけ。

その数カ月後、有観客で配信も行います、招待はできないけどアドレスを送るのでそちらで、というケースも増え始めた。ライブレポを書く場合でも、配信を観て書いてください、という依頼もあった。なので、ツアーの初日の配信を観てレポは書いたが、やっぱり生でも観たいので、別の日にチケットを買って現場に行ったりもした。

というわけで。月々のクレジットカードの明細を見るたびに「うわ、今月も遣ったなあ」と思い、翌春の確定申告の時には「だあー、こんなに払ったのかあ」ということになっている。でも、普通に日常的にライブをたくさん観ている音楽ファンは、こんなふうにいっぱいおカネを払う生活を何年も何十年も続けているんだよな、そこで俺はズルしてるんだな、で、何よりそういう人たちのおかげでメシが食えているんだなあ。という気持ちにもなったのだった。

あと、世の音楽ライターとか音楽評論家とか音楽ジャーナリストとかが、必ずしも、僕みたいな状況に陥っているわけではない。ということも、このコロナ禍で思い知った。配信はわからないが、有観客ライブの現場では、同業者に出くわすことが、本当に、ものすごく、減ったので。

誰かとばったり会ったとしても、相手は「このライブ、レポを書くんですよ」っていう人で、ライターが数人いる中で、どこにもなんにも書かないのに来ているのは俺だけ、みたいなこともある。

要はみなさん、日常的にライブを観なくても、わりと平気なのね。逆に言うと、自分はライブを観れないと平気じゃない奴なんだな、と改めて自覚したということだ。ただ、「ライブ大好き!」というのとは、ちょっと違う。今後、自分がインタビューする可能性があるバンドのライブを観ていない、というのが、とにかく不安なのだ。ずっとインタビューしているバンドのツアーの東京公演や、この間初めてインタビューした新人バンドの次の東京公演は、観ておかないと、気がすまないの。「このバンドのライブ、3年くらい観てないしなあ……」ってなると、インタビューする資格がない気がしてしまう。あ、自分に限って、の話です。毎回リリースのたびに、レコード会社からオフィシャルのインタビューを頼まれる、でもライブは観ない、という人がいるのも知っているし。つまりその人は、ライブに来なくても仕事を頼まれる、ということなので。

とにかく、そんなわけで、ライブレポ仕事もインタビュー仕事も、フリーのライターになって6年の間で、ぶっちぎりでどん底レベルに減っているにもかかわらず、2021年4月は11本、5月は12本、6月は10本、ライブの現場に足を運んでいる、そんな日々を送っています。

以上、何を報告したんだか、わからないことを書いてしまった、今回は。まあ、あれか、音楽の興行の現場はそんな按配ですが、プロレス／格闘技の方はどうですか？ってことかしら。ことかしらじゃねえよ。

HENTAIZADANKAI

玉袋筋太郎の変態座談会

TAMABUKURO SUJITARO

大社長

SANSHIRO TAKAGI

高木三四郎

プロレス界に旋風を巻き起こすか
屋台村から業界ナンバー2まで
躍り出たサイバーファイト社長の
その類いまれなキャリアに迫る!!

収録日：2021年6月10日 撮影：タイコウクニヨシ
写真：©DDTプロレスリング 構成：堀江ガンツ

[変態座談会出席者プロフィール]
玉袋筋太郎（1967年・東京都出身の53歳／お笑い芸人／全日本スナック連盟会長）
椎名基樹（1968年・静岡県出身の52歳／構成作家／本誌でコラム連載中）
堀江ガンツ（1973年・栃木県出身の47歳／プロレス・格闘技ライター／変態座談会主宰者）
[スペシャルゲスト]高木三四郎（たかぎ・さんしろう）
1970年1月13日生まれ、大阪府豊中市出身。プロレスラー。株式会社CyberFight代表取締役社長。大学を卒業後、1994年8月にIWA格闘志塾に入門して屋台村プロレスに参加。屋台村プロレスは正式な記録を取っていないため、正式デビューは1995年2月16日のPWC渋谷大会におけるトラブルシューター・コウチ（現：高智政光）とされている。1996年にPWCへ移籍、1997年にDDTプロレスリングの旗揚げに参加して以降エースとして団体を盛り上げる。両国国技館や日本武道館での興行開催などそれまでのインディーの枠を超える活動を続けて自身の経営手腕を磨き、2015年5月に他団体であるWRESTLE-1の最高経営責任者に就任（2017年4月に相談役となる）。2020年1月、プロレスリング・ノアを運営するノア・グローバルエンタテインメントの社長に就任。2020年9月1日、DDTプロレスリングとノア・グローバルエンタテインメントの経営統合により設立された新会社・株式会社CyberFight発足に伴い、引き続き同社の代表取締役社長に就任した。

TRUE HEART
DON'T STOP ROMANTIC

「大学生のときにテレビで仕出しの仕事をしていて、そのときに浅草キッドさんとお会いしているんですよ」（高木）

玉袋　ガンツ！　今日は宮尾すすむさんの案件じゃないのか!?

椎名　ああ日本の社長（笑）。

ガンツ　世が世なら、そっちの番組に出ていたでしょうね（笑）。

玉袋　もうそこまで出世しちゃっているんだから。

ガンツ　というわけで本日のゲストは、株式会社Ｃｙｂｅｒ Ｆｉｇｈｔ（サイバーファイト）社長の高木三四郎さんです！

高木　よろしくお願いします！

玉袋　大社長とは初めてですよね？

高木　こういう対談では初めてですけど、よくよく考えてみたら、ボクは１９８８年に大阪から上京してきて、大学1年からテレビで仕出しの仕事をしていたんですよ。要するにエキストラや仕込みのお客さんの手配で、自分も出たりして。そのときに浅草キッドさんとお会いしているんですよね。

玉袋　なんの番組ですか？

高木　番組名は忘れてしまったんですけど外のロケでした。騙し役というか通行人の役でしたね。

玉袋　浅ヤン（『浅草橋ヤング洋品店』）かもしれねえな。そういう手配師みたいなこともやっていたと（笑）。

高木　ホントに手配師ですよ。あの頃はドッキリ系も多くて、『いたずらウォッチング』という番組でドッキリする側とされる側みたいなのでやっていましたね。

玉袋　大社長の頃はもう仕込みの時代だと思いますけど、日テレの『元祖どっきりカメラ』は最初はガチでやっていたらしくて、訴訟問題とか凄いあったんだよ。一般人に対してやっていたから。

高木　それは凄いですね（笑）。

玉袋　これは林家ぺーさんから聞いたから間違ってない。あれだけ騙されたぺーさんから聞いたんだから（笑）。大社長はどこか芸能プロと契約してやっていたんですか？

高木　もともとボクはミーハーで、実家の親父も毎日放送に勤めていたのでテレビの現場とかはよく観に行ったりしていたんですよ。

玉袋　お父さんが業界人なんだ。

高木　それで東京に来たんだし、せっかくだからテレビ観覧とか行きたいなと思ってたら、ちょうど大学でテレビ番組研究会っていうサークルから声をかけられて。「これならテレビにも出られるかな」と思って入ったら、単純にテレビ番組を研究するオタクたちの集まりだったんですよ。

椎名 ナンシー関みたいな（笑）。

高木 「うわー、これはしくじった……」と思ったんですけど、自分は「辞める」とか言いづらい人間なんで、サークルのカラーを変えたいなと。それでテレビ局に「ボクは大学で『テレビ番組研究会』というサークルをやっている者です。もし、番組に観覧人数が必要なときは声をかけてください。人を集めます」っていう手紙を送りまくったら、たまたまフジテレビのＡＤの人が声をかけてくれて。それで最初からけっこう人を集めていたんですよ。そうしたら「高木くんは集められるねー」となって、そこから「こんな人を集めてほしい」「こんなことをやってほしい」っていうのがどんどん来るようになって。

玉袋 バラエティって「田舎のヤンキーを集めろ」とかさ、急にそういうのがあるんだよね。

高木 「童貞を50人探してほしい」とか、そんなのもありましたよ（笑）。

玉袋 じゃあ、絶対にどっかですれ違ってるな。高木さんブッキングの人たちときっと仕事してるよ（笑）。

椎名 高木さんはレスラーでありながら、新しいプロレスを〝作る側〟の人だなと思っていたんですけど、もともとそういうことをやっていたんですね。

玉袋 学生時代は、将来レスラーにっていう頭はなかったんですか？

高木 全然なかったです。大学2年ぐらいまで仕出しをしていたんですけど、3年ぐらいからテレビの景気が悪くなって、あまりギャラが出なくなっちゃったんですよ。ひどいときは「高木くん、テレホンカードでもいい？」みたいな。

玉袋 そりゃ、ひでーな（笑）。

高木 それじゃ無理だと思って、クラブイベントを始めたんですよ。当時仕出しで組んでいた仲間と儲けるためにパーティーをやろうってことになって、芝浦のゴールドでやったんです。ちょうど藤原組長とかがゴールドでジャパン女子とかに練習を教えていた頃ですよ。

玉袋 あー、そうだ。ゴールドでやってたよ。

高木 ゴールドって2000人くらい収容なんですけど、そこでボクらは3000人くらい集めちゃったんですよ。

玉袋 また動員しますね。凄い！

高木 そこからバブルになって、ジュリアナがあって、ベルファーレができてみたいな。

「大久保のスポーツ会館あたりは俺の地元ですよ！あのラブホの脇の道を大社長も通ってたんだ」（玉袋）

ガンツ リアルバブルの時代ですよね。

高木　リアルバブルです。それでジュリアナとかによく遊びに行ったりしていると、馳浩先生とだいたいＶＩＰとかで鉢合わせするんですよ（笑）。

椎名　イメージどおりですね（笑）。

玉袋　夜の見回り先生かな（笑）。

高木　だからいい時代だったと思います。プロレス界も90年代ブームが始まる頃だったんですよ。

玉袋　その頃、ＵＷＦは？

ガンツ　高木さんがクラブイベントやっていた頃は、３派分裂して髙田延彦最強時代ですよね。

高木　そうですね。ボクは上京して、大学1年で最初に観に行ったのが、新生ＵＷＦの旗揚げ戦（１９８８年5月12日・後楽園ホール）なんですよ。

椎名　あの後楽園に行ってるんですね。

高木　前売りは完売だったんですけど、「若干枚発売する」という当日券を求めて前日夕方から後楽園に並んで。それで立ち見バルコニーで観たんですよ。

ガンツ　伝説の徹夜組のひとりだったんですね（笑）。

玉袋　神社長が缶コーヒーを差し入れたっていうやつだろ（笑）。

高木　で、その話を学校の教室で話してたんですよ。そうしたら隣にいた女のコが「えっ、高木くんってＵＷＦに行ったの？」って言われて。「ＵＷＦ知ってるの？」って聞いたら、「私、髙田延彦さんの後援会の会長がやっている文房具屋でバイトしてるの」って言われて。

玉袋　出た！　のちの市屋苑だよ（笑）。

高木　そうなんです。鈴木健さんの店のバイトだったんですよ（笑）。

玉袋　最高だよ、それ（笑）。

高木　「私に言ってくれたらチケットが手に入るのに」って言われて「えーっ!?」となって。それで8月の有明コロシアムからその女のコにチケットを取ってもらっていたんですよ。

玉袋　「夢と1億円」への第一歩だよ（笑）。

ガンツ　プロレスは子どもの頃から好きだったんですか？

高木　子どもの頃から好きでしたね。それで柔道部に入ったんですけど、柔道はやらずにプロレスの練習ばっかしてました。

玉袋　まさに『1・2の三四郎』だよ。

高木　柔道場でバックドロップの練習ばかりやって。試合でも背負い投げをしてくるヤツをうしろから抱えてバックドロップばかり狙ってましたから（笑）。

玉袋　そこは佐山さんと一緒だな（笑）。

高木　で、大学時代はＵＷＦ有明大会で前田さんがジェラルド・ゴルドーを裏アキレス腱固めで倒したのを観て、「すげー！」となって。サンボをやるために大久保のスポーツ会

館に通い始めたんですよ。

玉袋　あのへん、俺の地元ですよ！

高木　あっ、そうなんですか？

玉袋　〝サンボの怪物くん〟がいたとき？

高木　はい。萩原（幸之助）さんにも稽古をつけていただいて。

玉袋　えーっ!?　すげえな。俺、格通で怪物くんの連載を読んでたよ。

高木　ボクは柔道二段なので、そこそこ自信はあったんですよ。で、当時は同じような動機で入ってきたプロレスファンがけっこういて、そういう連中は練習でキューッといわせてたんですけど、萩原さんだけはめちゃくちゃ強くて全然かなわなかったですね。

玉袋　あのラブホの脇の道を大社長も通ってたんだ～。

高木　それで5年ぐらい前、武藤さんにお願いされてWRESTLE－1のCEOになったら、事務所がスポーツ会館にあったんですよ。

ガンツ　K－1とW－1が入ったんですよね。

椎名　建物はあのままで？

ガンツ　そうです。あのまんまなんですよ。

玉袋　あのまんまか！

高木　なんか20年以上ぶりにスポーツ会館に行って、感慨深かったですね（笑）。

玉袋　でも大社長が怪物くんとサンボをやってたっていうのは、いい話だよ。

高木　当時、骨法とどちらに行こうか迷ったりもしたんですけど、結果的にスポーツ会館でよかったかなと（笑）。

玉袋　スポーツ会館は大久保で、骨法は東中野だから隣の駅だし（笑）。

高木　当時、ボクは東高円寺に住んでいたんで、どっちも近かったんですよ。ただ、見た目で判断しちゃいけないんですけど、「ちょっとここは危ないところかもしれないな……」という動物的な勘が働いて（笑）。

玉袋　ちょっとカルトを感じて（笑）。

椎名　ビジュアルを作りすぎちゃってますからね（笑）。

「ベルファーレのロイヤルVIPにマックス松浦さんがいて、なぜかよく安生洋二さんもいたりしたんですよ（笑）」（高木）

ガンツ　でも高木さんが格闘技系だったのは意外ですね。

高木　大学時代はそうでしたね。でも、もともとは全日本プロレスの外国人選手、テリー・ファンクとかブッチャーが好きで。あとボクはナンバー3か4ぐらいのちょっと影がある人が好きだったんで、天龍同盟をやる前の天龍さんや、阿修羅・原さんが好きでしたね。

玉袋　渋くていいね〜！　国際プロレスは行かなかったの？

高木　国際プロレスは鶴見（五郎）さんとかまで行くとちょっとカルトだな、みたいな（笑）。

玉袋　なるほど（笑）。

高木　結果的にカルトのほうに行っちゃうんですけどね（笑）。だからファンとしては革命前の天龍さんに憧れ、それからUに行って。新生UWFの東京、大阪の試合はほぼ全部観てますね。だから髙田vs船木の横浜アリーナ、幻の秒殺劇も生で観てましたし。

玉袋　骨法の掌底だな（笑）。

高木　観ていて、「おい、ノックアウトじゃねーか、コノヤロー！」ってヤジってたほうですね（笑）。そのくらいガチガチだったんですけど、大仁田さんがFMWを旗揚げして観に行ったら、思想がガラリと変わっちゃったんですよ。

玉袋　青柳政司戦のあとですか？

高木　青柳戦のあとですね。初めて電流爆破をやる前の初期FMW。リー・ガクスーとかがいたころです。

玉袋　リー・ガクスーとマネージャーの怪しいオヤジとかな（笑）。

高木　あの怪しさがよかったんですよね。また栗栖正伸さんも出ていて、めちゃくちゃ輝いていたんですよ。栗栖さんがこんなに輝く磁場はないぞと思っていて。

玉袋　ウエスタンブーツを履いて、ストリートファイトマッチをやっちゃってな（笑）。

高木　それで一気にUWFからFMWになっちゃったんですよ。

椎名　当時、けっこうそういうファンがいましたよね。「こっちのほうがすげえじゃん。おもしれーし」って（笑）。

高木　だから大仁田さんが〝涙のカリスマ〟になる前のインチキなFMWが好きでしたね。そしてUWFは3派に分裂して、鈴木健さんの店でバイトしていた女のコつながりで、引き続きUインターを応援していた感じです。ちょうど、その頃にボクはクラブイベントとかやっていて。

玉袋　やっぱ実入りはよかったんでしょ？

高木　よかったですねえ。いい時代でした、ホントに。仕出しをやっていた頃からの積み重ねで、女子大生やOLの電話番号が1000人分くらいストックがあったりして。

玉袋　凄い組織だね、そりゃ（笑）。

高木　変な話、もちろん遊んだりもしましたし。いやらしい話なんですけど、「またテレビの仕事を振るよ」みたいな感じで（笑）。

ガンツ　俺は業界人だよと（笑）。

高木　そうそう（笑）。それで仕出しが下火になってから、クラブイベントをやろうってことで、ゴールドという箱を借りたんですよ。1000人入れればペイできるところを3000枚くらいチケット売って。

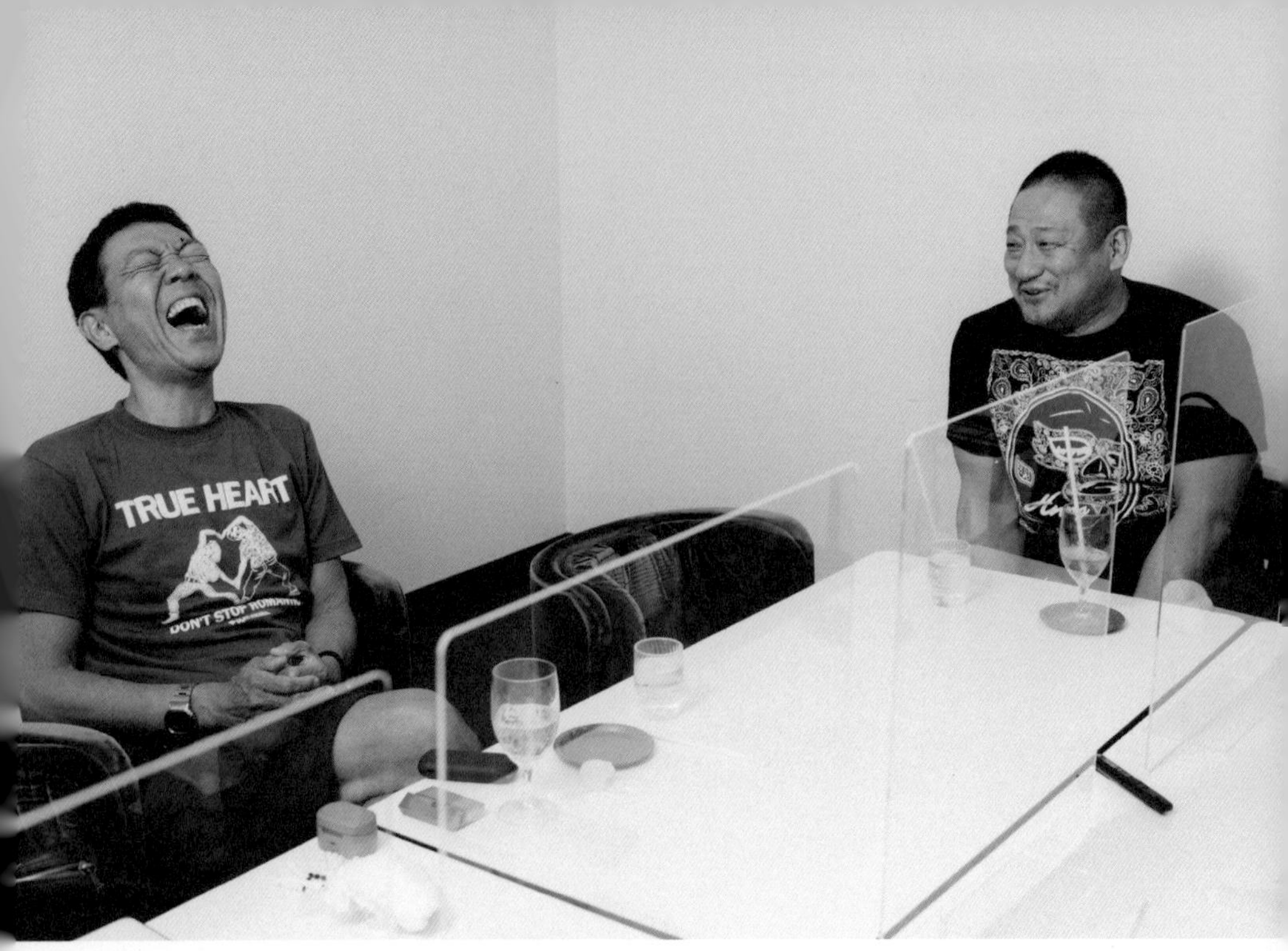

玉袋　すげー！
高木　それを山分けしてっていう感じだったんですけど。
玉袋　そのあぶく銭はどこに使ってたんですか？　クルマを買ったりとか？
高木　クルマを買ったり、あとは学費を払ってましたね。
玉袋　あっ、それは偉い！
高木　ボクは大学に6年間行ったんで。4年までは親も学費を出してくれてたんですけど、そこから先は「ふざけるな！」となって（笑）。
椎名　でも卒業したのは立派ですよ。ボクは卒業できなかったんで（笑）。
玉袋　その1000人のストックの中から有名になった人っていたんですか？
高木　いますよ。当時『ギルガメッシュないと』で、飯島愛ちゃんがブレイクしていたじゃないですか？　ボクはたまたま愛ちゃんの事務所の社長さんと仲良くなって。ちょうどジュリアナができた頃だったので、愛ちゃんをゲストに呼んでジュリアナでクラブイベントをやったんですよ。そのときにミスコンをやったんですけど、そこに出たコはその後、『Ｆｉｎｅ』とかのモデルになったり。あとタレントの卵とかもいたんで。
玉袋　いやー、おもしれえなー。
高木　のちに有名になったコは、ベルファーレの時代のほうが多かったですね。ついこないだまでマックス松浦さんの自叙伝みたいなドラマがあったじゃないですか。
椎名 『M 愛すべき人がいて』（笑）。
高木 あれを地で行くような感じだったんですよ。ボクはお客として行ったり、誰かに呼ばれて行ったりしていたんですけど、ベルファーレのロイヤルVIPに松浦さんとお付きの人が何人かいて、下から女のコが呼ばれて。ボクはそれを隣で見ていて「うわー、すげーな」みたいな感じで。そのとき、なぜかよく安生洋二さんがいたりしたんですよ（笑）。
ガンツ 六本木の有名人ですからね（笑）。
高木 クラブでの安生さん遭遇率はめちゃくちゃ高かったです（笑）。でもボクは当然プロレスをやる前だったので、「あっ、安生だー！」みたいな。そんな時代でしたね。

「クラブで遊んでる女のコにプロレスやってるところが『屋台村プロレス』ってなかなか言いづらいな（笑）」（玉袋）

玉袋 それはもう酒とバラの日々だよな。
ガンツ そんな華やかなところから、なぜ屋台村プロレスという場末に行っちゃったんですか？（笑）。
玉袋 ベルファーレから屋台村ヨンドンだもんな（笑）。自分が入ることによって屋台村を大きくしようとか、そういうのはあったんですか？
高木 そんな思いは全然なかったんですよ。当時は『11PM』の後番組で『EXテレビ』ってあったじゃないですか。
玉袋 三宅裕司さんの日と、上岡龍太郎さんの日があって、東京と大阪で制作が分かれていた番組ですよね。
高木 その何曜日かでボクは仕出しをやっていたんですけど、そのときに前説をやっていたのがブレーメン大島さんという人だったんですよ。
玉袋 出た出た。ブレーメンなんてのはアイツが素人の頃から知ってるよ。
高木 ボクも高校生のときに『夕やけニャンニャン』に素人として出ていたときから観ていたんですよ。
玉袋 あれもまたオンナ好きでな。若手ライブでペーペーのくせに客を口説いたりしててさ、俺が叱ったことあるんだよ。「おまえ、ダメだぞ！」って（笑）。で、ブレーメン大島と？
高木 屋台村でボクが声をかけたんですよ。「えっ、俺のこと知ってる？」「夕ニャンの頃から憧れでしたよ」みたいな会話があって、それで連絡先を交換したんです。そうしたら何年かしてブレーメンさんから連絡があって「高木、おまえプロレスが好きだったよね？　いま高野拳磁さんが始めた屋台村プロレスでお手伝いしてるんだ」って言われて。
玉袋 リングアナをやってたんだっけ？

高木　そうです。それでひさしぶりに再会したら、「いま屋台村プロレスは高野さんがオーナーとケンカして辞めちゃって、俺たちだけで回さなきゃいけないんだよ。どっかのメディアに載せられないかな?」って相談されて。それで当時、ボクはクラブイベントの情報なんかを『東京ウォーカー』の情報コーナーに出していたんで載せてもらったんですよ。編集部の方も「お酒を飲んでプロレスを観られるなんておもしろい」ってことで3ページくらい特集されて。

ガンツ　あの頃は凄い部数が出ていたから、影響力もあったでしょうね。

高木　そうなんです。編集部にもブレーメンさんにもよろこばれて。そうしたらブレーメンさんが「高木、これからも屋台村をいろんなメディアに出せないかな?　その代わりにプロレスを観に来てもいいから」って言われて。対価がお金じゃないっていう（笑）。

椎名　交換条件がおかしいよ（笑）。

高木　でもプロレスに関われるってことで、ちょっとテンションが上がって「えっ、いいっスか!?」ってなって（笑）。

玉袋　引き受けちゃったんだ（笑）。

高木　普通ならまあまあのお金を取るんですけど、自分の趣味の延長ってことで、広報スタッフみたいなことをやるようになったんです。それで屋台村プロレスを観ているうちに「身長は俺とあんまり変わらないし、俺のほうが強いんじゃないかな……」みたいなことを思っちゃって（笑）。

椎名　柔道二段ですからね（笑）。

高木　サンボもやってましたから（笑）。「これ、俺もいけるんじゃないかな……」っていういやらしい欲望が。

玉袋　山っ気が出ちゃった（笑）。

高木　それでブレーメンさんに「プロレスの練習って見ることができるんですか?」って聞いたら、「あっ、いいよ、いいよ」って言われて練習を見たんですね。そのときに「あっ、これいけるかも」と思ったんですよ（笑）。

玉袋　確信に変わったんだ（笑）。

高木　それでブレーメンさんに「すみません。俺ちょっとプロレスをやってみたいんですけど、いいですかね?」って言ったら、急にブレーメンさんが上から目線になっちゃって。それまで「高木くん、高木くん」だったのが「高木さ、そうなってくると話が変わってくるよ」みたいな（笑）。

玉袋　ブレーメン大島らしいな～（笑）。

高木　「ゼロからやってもらうよ」みたいなことを言われて。でも「全然いいですよ」って言って、練習生からやらせてもらったんですよ。屋台村は週末営業だったんで、毎週末練習に通って。ぶっちゃけ基礎体はクリアできていたんで「俺、いけるじゃん」と思ってました。

玉袋　コーチは誰だったんですか？
高木　最初は屋台村に出ていたクラッシャー高橋さんとか、グレート・タケルさんだったんですよ。たまに鶴見五郎さんが教えに来て。
玉袋　おー、来た！
高木　あとは畠中（浩旭）さんや川畑（輝鎮）さんが教えに来る感じですね。それで4カ月くらいでデビューして半年ぐらいやったんです。
玉袋　ギャラはもらえたんですか？
高木　土日で5000円ずつもらえたんですよ。でも金曜の試合はお客が少ないってことで、オーナーが焼肉屋だったんでギャラの代わりに焼肉を食べさせてもらって。それが途中から屋台村の皿うどんに変わったんですけどね（笑）。
ガンツ　ギャラが皿うどん（笑）。
高木　それでもプロレスができるだけで楽しかったんですけど、しばらくして自分の中でいろいろ欲が出てきちゃって。当時、遊んでる女のコとかに「プロレスやってるんだ」っていう話になったとき、「なんていう名前の団体ですか？」って聞かれて「うっ……」って詰まるものがあったんですよ。
玉袋　クラブで遊んでる女のコに「屋台村プロレス」って、なかなか言いづらいな（笑）。
高木　それで「まあ、言ってもわかんないよ」みたいな感じでごまかしてたんですけど（笑）、違う場所でちゃんとプロレスをやろうと思って鶴見さんを選んじゃったんですよね。まあ、どっちみち女のコには言いづらいんですけど（笑）。

「デモニオがドロップキックをやったところで『いつもと動きが違う！』って思う人は誰もいませんよ（笑）」（ガンツ）

ガンツ　IWA格闘志塾なんて言ってもわからないですもんね（笑）。
高木　だからボクはずっと「IWAっていうところでやってるんだ」って言っていましたね。格闘志塾までは言わなかったです（笑）。「えー、IWAってすごーい。プロレスっぽーい！」とか言われて。
ガンツ　UWFと同じアルファベット3文字ですけど、出てくるレスラーはザ・マミーとかで（笑）。
高木　マミーのことなんかいっさい言わないですよ！（笑）。でもボク自身は鶴見五郎さんの指導のもと、ちゃんとしたプロレスラーをやっているという充実感はあったんですよ。ですけど、試合の日には控室に赤いつなぎとかが用意されているわけですよ。
ガンツ　怪奇派変身セットですね（笑）。
高木　「ああ、今日はこれか……」って。それで若手として前座で1試合やったあとにそれを着てデモニオになったりとか。「鶴見さん、これ、動きはどうやったらいいですか?」みたいに聞いて（笑）。

玉袋　立派なスーツアクターだったんだな（笑）。

高木　最初は楽しかったんですよ。でも忘れられない〝事件〟があったんですよ。九州の小学校のお祭りみたいなのに呼ばれたとき、第1試合で若手の試合をしてまた控室に用意されていた衣装に着替えるわけですね。「あっ、今日もデモニオか」って。

椎名　自分が何に変身するのか、その日にわかるんですか（笑）。

高木　当時はランクがあったんですよ。マミーと宇宙魔神はそこそこ身体が大きくなきゃダメで、ブラック・マミーはそれよりちょっとちっちゃくても大丈夫。デモニオは身体が大きくなくても大丈夫ってことで、ボクはだいたいデモニオだったんですね。それでタッグで高杉（正彦）さんやアポロ菅原さんと試合をしたとき、条件反射でついドロップキックをやってしまったんですよ。そうしたら試合後、鶴見さんにめちゃくちゃブチ切れられたんです。（鶴見の口マネで）「高木！デモニオはドロップキックなんてやんないよ!」って（笑）。

椎名　鶴見さん、甲高い声なんですよね（笑）。

玉袋　鶴見さんなりの世界観というか、宇宙観がちゃんとあるんだな（笑）。

高木　それで30分くらい説教されたんですね。最初は「申し訳ない」「失敗しちゃったな」って思っていたんですけど、よくよく考えたら「いやいや、おかしいだろ!」と思って（笑）。

ガンツ　地方のお祭りプロレスでデモニオがドロップキックをやったところで、「いつもと動きが違う!」って思う人、誰もいませんよね（笑）。

高木　それで自分の中で「ここにいる意味は?」みたいな疑問が芽生えてきて。

玉袋　素に戻ったらそうだろうな。

高木　そのタイミングで「高野拳磁さんが渋谷のライブハウスでやる興行で、若手トーナメントをやるから出ないか?」っていう話を、一緒に屋台村に出ていた菊澤さん（菊タロー）が持ってきてくれたんですよ。しかもギャラもよかったんです。初めての4桁超えでしたね。1万円だったんですけど（笑）。それでも当時は「1万もらえるんだ!?」と思って。

椎名　屋台村時代は皿うどんだからね（笑）。

高木　そうそう。皿うどんから1万円ですよ（笑）。で、その興行はビデオ安売り王がプロデュースした大会だったんですよ。

玉袋　出ました、ビデオ安売王!　ソフト・オン・デマンドになる前、佐藤太治会長がいた頃だな。

高木　しかもプロデューサーは、ボクがクラブイベントをやっ

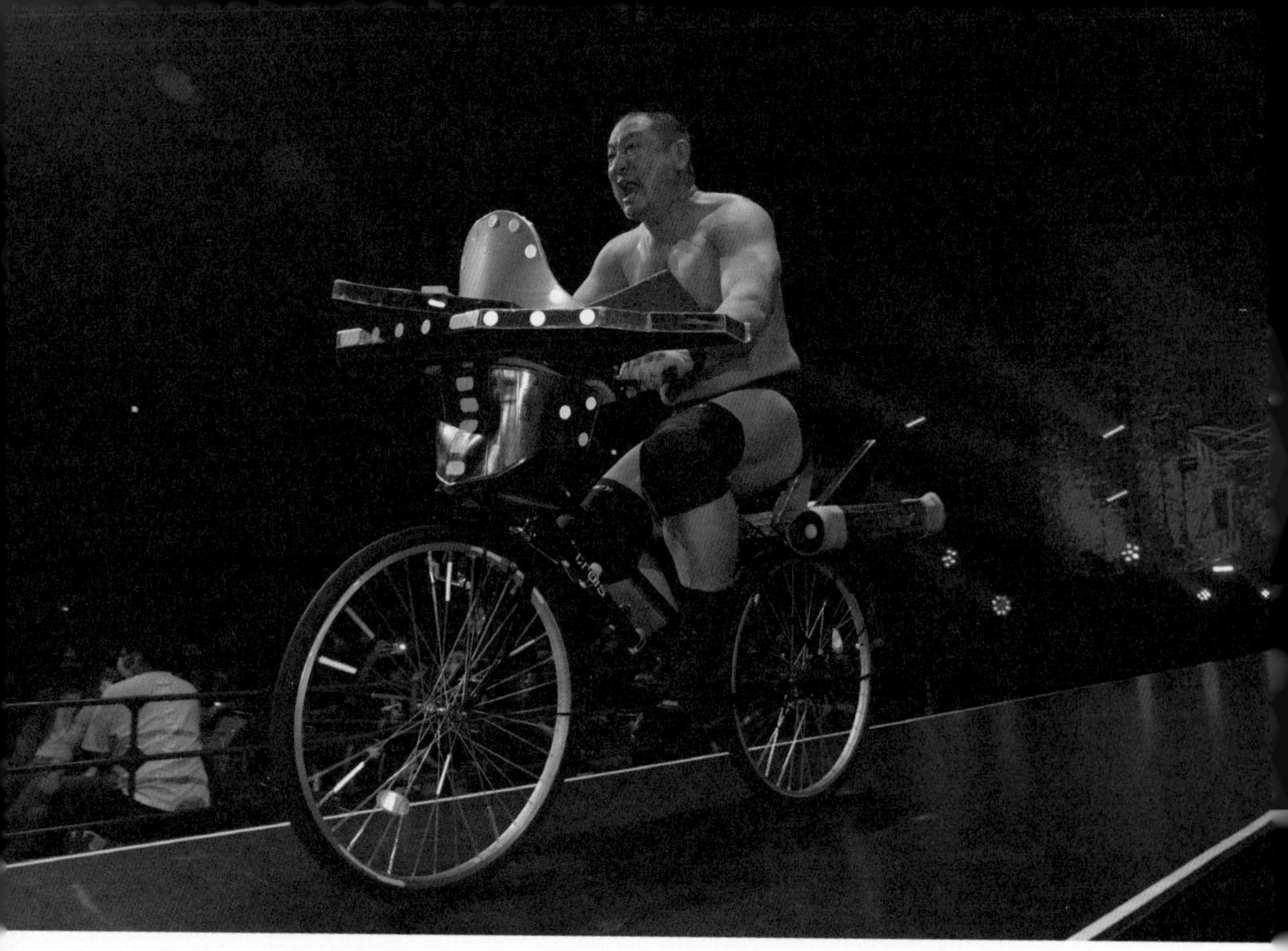

ていた頃の知り合いだったんですよ。それでボクがその人と仲良くしゃべってたら、高野さんが「おまえ、なんでプロデューサーと仲がいいんだよ?」って話になって。

ガンツ　屋台村の前座レスラーがなぜだと(笑)。

高木　まあ、高野さんはボクが屋台村の前座だったことは知らないですけどね(笑)。で、高野さんに説明したら「あっ、そうなんだ」ってそこで終わったんですけど、3カ月後くらいに高野さんのマネージャーをやっていたニセ大仁田こと森谷(俊之)さんから連絡があって、「高野さんが『ウチに引き抜きたい』って言ってる」って言われたんですよ。

ガンツ　IWA格闘志塾からPWCへ、仁義なき引き抜き!(笑)。

高木　そのときに「あっ、こんなふうにして引き抜きって来るんだ。わりと普通だな」って思いましたね。UWFが船木さん、鈴木みのるさんを引き抜いたり、SWSの引き抜きとか、ずっと週プロで読んでいたので(笑)。

玉袋　京王プラザホテルで秘密裏に接触とかじゃねえんだな(笑)。

高木　ボクもそういうもんだと思っていたら、「普通に電話なんだな」って(笑)。それで鶴見さんにちゃんと訳を話して、鶴見さんもおおらかな人なので、PWCに円満移籍したんですね。

ガンツ　ちょっと話は逸れますけど、高木さんは鶴見さんが若い頃からつけていた膨大な日記を購入されたんですよね？
高木　はい、そうです。購入しました。
玉袋　あの鶴見日記、いま高木さんが持ってるんですか？ボクらも鶴見さんと対談したときに見せてもらいましたよ。
高木　あれ、鶴見さんが闘道館に売ったんですけど、おそらく店頭で6～7年くらい売れなかったんですよね。
ガンツ　けっこうな金額ですしね。
高木　ボクが買ったときは20万でしたから。
椎名　鶴見さんの日記を20万で買うファンがいたら、相当な強者ですね（笑）。
高木　ボクもお世話になった師匠の人生が全部詰まった日記がずっと売れずに残っていたのは、心の片隅で気にはなっていたんですよ。でも闘道館でひっそりと売られてるぶんにはよかったんですけど、2年前に渋谷の東急本店で「ジャイアント馬場展」があって、なぜかそこの目玉商品になっていたんですよ（笑）。
ガンツ　東急本店の1階のショーケースに鶴見さんの日記が飾られていたんですよね（笑）。
高木　ヴィトンの鞄とか宝飾品と並んで、鶴見五郎日記がガラスケースの中に置いてあったんですよ。「これは絶対に売れるわけがない！」と思って（笑）。

「高野拳磁さんのプロレス頭は凄いですよ。だからボクは『PWCは絶対にいける！』と思っていたんです」（高木）

玉袋　恥かかせちゃいけねえと（笑）。
高木　鶴見さんの日記を晒し者にしちゃダメだと思ったんですね。べつにボクが買ったところで鶴見さんには一銭も入らないんですけど。
ガンツ　もう売ったものですからね。
高木　あとはちょっとヨコシマな気持ちもあって。ボクは学生時代、SWSも全部追っかけていたんですよ。新横浜の道場マッチから何から。「上場企業がプロレスというコアなジャンルに進出してくれた」「これはプロレスの歴史を変える！」と思って凄い期待していたんです。ところが週プロのバッシングから雲行きが怪しくなって、結果的に2年で潰れちゃったじゃないですか。鶴見五郎日記はそのSWS崩壊の顛末が全部書いてあるって聞いたんですよ。これは自分のいまの立場として、ぜひとも知りたいなと。
玉袋　なるほど！　サイバーファイト社長としてSWSで何が起こっていたのか知りたいと。
高木　同じ企業プロレスってことで。ボクがサイバーエージェント傘下に入ったとき、DDTだけだったらウチの人間を統率できていたんですけど、そこにノアが加わったことで「こ

れは一歩間違ったら部屋別制度の再現になりかねない」と。

ガンツ　派閥になって、足の引っ張り合いが始まるぞと。

高木　そうなりかねないから、SWSがなぜ崩壊したのかっていうその元凶をちゃんと押さえておく必要性があるなと。

ガンツ　サイバーファイト社長として、SWSと同じ轍を踏まないためにも（笑）。

高木　鶴見さんからも直接聞いたことがあったんですよ。「誰々が悪い」とか「誰々が直接、田中八郎社長に取り入った」とか。それを憶えていたんで「みんなが藤田（晋）社長に取り入ろうとしたら、どうしよう」と思ったんですね。

玉袋　ドン荒川さん的な動きをする人が出てくるんじゃねえかと（笑）。

高木　田中八郎さんはプロレスファンだったからいいですけど、藤田社長はボクが展開していくプロレスの企業化という部分にコンテンツとして興味を持ってくれて「投資をします」と言ってくれていたので、そんな前時代的なことをやられても困るしっていうのがあったんですね。なのでSWSの真相を掴んでおきたいっていうのがあったんですけど、日記を読んでみたらやっぱり鶴見さんは書いてましたね。

玉袋　うお～、答えが書いてあったんだ。誰がどんな動きをしていたのか。

高木　イニシャルで書かれていたんですけど、「誰々が社長と話をしてたようだ。怪しい」とか「選手ミーティングがあったけど、誰も言うことを聞いてない」とか、もう崩れていく様が全部書かれていて。

ガンツ　それは凄い歴史書ですね。

高木　その顛末を知ることができて、凄くタメになりましたね。

玉袋　そう考えると安い買い物ですよね。

高木　20万でそれが買えるんだったら安いものですよ。

玉袋　企業プロレス経営の虎の巻だもんね（笑）。

高木　だからボクはその同じ轍を踏んじゃいけないと思ったので、ノアに関しては現場には一切介入しないことにしたんですよ。数字だけを見て、あとは執行役員の武田（有弘）さんにすべておまかせしますっていう感じで。それがたぶんいちばん平和だなって。

玉袋　なるほどなー。昔、週プロの表紙で「Sの挫折と教訓」っていうのがあったけど、その教訓が30年近く経って活きているというね（笑）。

ガンツ　では、ちょっと話を戻しますけど、高木さんはPWCで高野拳磁さんとガッチリやっていこうと思っていたんですよね?

高木　そうですね。高野さんから夢を語られたんですよ。「俺はPWCをいちばんの団体にしたいんだ」って。それでボクも「この人にだったら夢をかけられる」と思ったんですね。プロレスラーとして魅せる部分に関しては、本当に勉強になりましたから。

ガンツ　一時期、インディーのカリスマになってましたもんね。

玉袋　俺もあの頃、高野さんと飲んだことがあって。あの人にネックハンギングツリーをされたこともあったけど、話をするときのフレーズが凄い切れる人だったよね。詩人っぽいところもあったし。

ガンツ　ナルシズム溢れるマイクアピールも独創的で素晴らしかったですよね。

玉袋　「給料袋の中を見たら夢が入ってなかった」とかさ。あれは名言だよ。

高木　高野さんのプロレス頭は凄いですよ。だからボクは「PWCは絶対にいける！」と思っていて。そのときに後楽園ゆうえんちでルナパークっていう期間限定イベントがあって、そこで「ビアガーデンプロレス」というのを仕掛けたんですよ。イベント制作会社と話して、協賛金を引っ張ってきて。それでビアガーデンプロレスをひと夏、73日間やって。いろいろ調整して後楽園で2回開催できるくらいの資金が残るようにしたんですよ。代表の高野さんが「後楽園を2回やればPWCは絶対に上昇するぞ」って言っていて、ボクも純粋だったんで「やりましょう！　PWCをいちばんにしましょう！」って話をして、最終的に残したお金だったんです。それでルナパークが終わったあと、ボクが「代表、お金を残しましたよ。後楽園、押さえましょう！」って言ったんですよ。そうしたら「なんだそれ？」って言われて「いや、資金さえあれば後楽園が2回打てるって言ったじゃないですか」って言ったら、「あのお金はもうないよ」って言われて絶句しちゃったんですね。

玉袋　夢を実現するための資金が、もうすでになくなってるっていうね。それはつらい。

高木　そのときに「もうダメだ。絶対に辞めよう」って思ったんですね。そうしたらちょうど高野さんが、ルナパーク最終日は1500人くらい入ったのに、その10日後の北沢タウンホールは80人しか入らなかったことで激怒しちゃって、突発的に「こんな団体、解散だ！」って言っちゃったんで「ラッキー！　これで辞められる！」と思って（笑）。

ガンツ　「辞めます」と言わずに済むと（笑）。

高木　「解散だー！」って言ったあとに「いや、代表。ちょっと待ってくださいよ！」って言ったら、「うるせー、解散だ！」って言ったんで「よし、確認を2回取ったぞ」と（笑）。

椎名　第二次UWFが崩壊したときと似てるね（笑）。

玉袋　身体の大きなトップは似てきちゃうのかな（笑）。

高木　で、解散宣言後、ボクのところに選挙に出馬する話が来たんですよ。自由連合というところから。

「いま世で言われている〝インディー乱立〟の状態は、ボクが誰でもできるっていう事例を作っちゃった」（高木）

玉袋　出たー！　徳田虎雄先生だ！

高木　徳田虎雄さんに近い方から「高木くんはさ、学生を集められるんだよね？」って言われて。

玉袋　票田としてのスカウトだ（笑）。

高木「もし学生から票を取れるなら出てよ」って言われて、26歳のときに衆議院議員選挙に出たんですよ。

玉袋　徳田先生とはどこで知り合ったんですか？

高木　選挙参謀をやっていた方とボクが仲が良くて、徳田先生はそのときに紹介してもらいました。「ワシもレスリングをやっとったんやー！　そっか、プロレスラーか。わかった、わかった！」しかしゃべってないです（笑）。

玉袋　徳洲会入りだよ（笑）。

高木　それで高野さんに電話をして「すみません。選挙に出るのでもうプロレスをやれないです」って言ったら「俺が選挙演説に行こうか？」って言われたんですよ。でも「いいです。自分の力で勝ち取ります」みたいな適当なことを言って（笑）。

ガンツ　高野拳磁の応援演説は見たかったですね（笑）。

玉袋　当時打ち出した政策はなんだったんですか？

高木　たぶん「消費税反対」とかだったんじゃないですかね？（笑）。

玉袋　公約はよく憶えてない（笑）。

高木　結局、選挙は大惨敗だったんですけどね。それで、これからどうしようかと考えていたとき、政治家の秘書の話が来たんですよ。これは自由連合じゃなくて実家の絡みで、自民党の先生がボクが選挙に出たことを知っていて、「もし高木くんが政治に興味があるんだったらボクの秘書をやらないか？」っていう話を持ちかけてくれたんです。こんないい話はないと思って「やります」って答えたんですけど、その直後に高野さんから連絡が来て「ＰＷＣをもう1回やろうと思うんだ」って言われたんですよ。「解散はアングルだからさ」って言われて（笑）。

ガンツ 後づけのネタで済ませる、という（笑）。

高木 もう「ふざけんな！」って言葉が喉まで出そうになりましたけど（笑）。「高野さん、すみません。ボクはもう政治の道を志しますので」って言ったら「わかった。じゃあ、そっちの道でがんばれ」って言われて。それで晴れて政治の道に進もうと思った矢先にNOSAWA（論外）から電話がかかってきたんですよ。「高木さん、会ってもらえませんか？」って。

椎名 嫌な予感がしますね（笑）。

高木 自分も嫌な予感しかしなかったんですよ（笑）。そうしたら「高木さん、PWCはなくなりましたけど、ボクはまだあきらめられないんです！　高木さんたちとプロレスをやりたいです」って言い出して「俺はもうそういう気持ちはないよ。無理だよ」って言ったら、アイツ、必死に食い下がってきて。そこでボクもちょっと心が動いちゃって、「俺だけだと嫌だから、ほかの人たちはどう思っているのか聞かせて」と言ったら、NOSAWAが木村浩一郎さんと、当時残された新弟子だったMIKAMIを連れてきたんですよ。それで4人で話をしたとき、木村さんは「おまえたちがやるんだったら俺は協力する」と言ったんですよ。いやらしい言い方だなと思って（笑）。「やってくれよ」だったら断れたんですけど、「おまえたちがやるんだったら俺は協力する」ってそれはもうやる前提じゃんと思って。それで外堀をどんどん埋められちゃって、NOSAWAとMIKAMIは「あきらめられないんです！」って言い出して。それで「わかったよ。じゃあ、やろうか」と言って始めたのがDDTだったんです。

椎名 秘書の話は断ったんですか？

高木 はい。実家に電話をして「ごめん。もうちょっとやりたいことがあるから」って断って。めちゃくちゃ言われましたけどね。「こんないい話を……」って。

玉袋 人生の分かれ道だったな。でも、それがいまのサイバーファイトにつながっているわけですもんね。

ガンツ　どインディーから業界第2位ですからね。

高木　ボクらが旗揚げしたときは、業界からほぼ黙殺されていましたからね。あるフリーライターの方からは「キミたちだけでプロレス団体を旗揚げするなんて、日本のプロレス界に対する冒涜だよ。キミたちはアントニオ猪木さんからも、ジャイアント馬場さんからも教わっていないでしょ。そんな人たちが団体を旗揚げしたなんて俺は聞いたことがない」って言われたんです。たしかにボクらが初めてだったんですよ。

ガンツ　90年代はいろんなインディー団体ができましたけど、元全日本、元新日本の人がかならずいましたもんね。

高木　なので、いま世で言われている〝インディー乱立〟の状態を作ったのはボクなんですけど（笑）。

玉袋　誰でもできると（笑）。

高木　誰でもできるっていう事例を作っちゃったんですね。そこだけはホントに申し訳ないなとは思ってます。でも、こっちも必死だったんでボクもがんばったつもりではいるんですけど、結果的にそういう状態を作ったのは俺らだよなと（笑）。

「高木さんはクレバーで要領よくやってきた人かと思っていたら、けっして計算通りというわけじゃないんですね」（椎名）

玉袋　でも、その無名の人間たちで作ったインディー団体をここまで大きくできたのは大社長だけなんだから。そこはやっぱり凄いよ！　しかも、業界からほぼ黙殺されていたような状況からね。

高木　旗揚げ当初、マスコミさんが全然扱ってくれなかったんですけど、いまでは逆に感謝してるんですよ。もし、あの頃に大きく取り上げられていたら勘違いしていたなと思うし。「自分で発信していかなきゃいけない」って思ったからこそ、従来とは違うアプローチで広めていくことができたんで。

ガンツ　当時のインディー団体って「いかに週プロに取り上げてもらうか」ばかり考えていたフシがありますけど、DDTはいち早く週プロに頼らない団体経営をしていたわけですもんね。

高木　そうですね。プロレスマスコミが無視をするんだったら、一般メディアとの付き合いのほうがもともと得意だし、そっちにアプローチすればいいやって。ボクは若い頃から仕出しをやっていて、ギャルサーも作ったんで、コギャルの部下がたくさんいたんですよ。それで渋谷のClub ATOMがオープンして、そこはリングがギリギリ入ったんで、毎週こで試合をやろうと。WWEのRAWを毎週やるようなもんですよね。

ガンツ　Club ATOM定期戦はRAWのつもりだったんですね（笑）。

高木　で、当時から女子高生が流行の発信になっているっていうのをわかっていたので、「コギャルが観に来るプロレス団体」っていう仕掛けを作ったんですよ。それで『ホットドッグ・プレス』に知り合いの編集やライターがいたので、あそこから火をつけさせたんですよ。

玉袋　週プロじゃなくて『ホットドッグ・プレス』ってとこが、目のつけどころが違うよ。

高木　実際に仕込みで50人くらいコギャルを呼んでいたんですけど、半分くらいは毎週観に来てくれたんですよ。「プロレスおもしろい！」って。ホントにガングロギャルたちが（笑）。

椎名　コギャルをプロレスにハマらせましたか（笑）。

高木　そうしたらテレビ朝日の『トゥナイト2』が取り上げてくれて。そのへんからプロレスマスコミも来るようになりましたね。

玉袋　それは気持ちよかったでしょう。

ガンツ　そして2000年代半ば以降、大手プロレス団体が落ちていく中、両国国技館に進出するわ、武道館に進出するわっていう時代が来るわけですよね。

高木　いろいろありましたけど、勝負どころは逃さなかったですね。2008年にリーマンショックで一気に落ちて、借金を抱えちゃったんですよ。そのときに「挽回するしかない」っていうことで、両国に初進出したんですね。

玉袋　それはもう博打ですね。

高木　博打でしたね。でも両国は1万人収容の会場なんですけど、マス席の4人がけを2人がけにすると、それだけで6000人くらいになるんですよ。なおかつ1面をクローズしてステージにしちゃえばさらに間引けるので、4000〜5000人でも満員になるんです。それくらいならクラブイベントでやっていた頃の動員力で集められたんで、あのときは自分ひとりでチケットを1000枚くらい売りましたね。

ガンツ　そして「旗揚げすることすら冒涜」と言われた団体から、飯伏幸太、ケニー・オメガみたいな選手も出てくるわけですよね。

玉袋　またそこが凄いよな〜。

高木　飯伏は木村浩一郎さんからの紹介で、もともと大成塾っていうK－1のレフェリーをやっていた大成敦さんのところのコだったんですよ。それで飯伏はアマチュアのK－2で優勝して、大成さんが「じゃあ、次はK－1だな」って言ったら「ボクはK－1に行きたくないです。プロレスをやりたいんで」と言ってウチに来たんです。

ガンツ　よくあれだけの逸材が入りましたね。

高木　当時、ボクらは船橋のららぽーとでビアガーデンプロレスをやっていたんですけど、そこに飯伏が観に来ていて。試合前の練習も観た上で「これなら俺でも勝てるかな」って思ったらしいんですよ（笑）。

玉袋　屋台村に入ったときの高木さんと同じだよ（笑）。

高木　みんなヨコシマなんですよね（笑）。

ガンツ　でも、当時Ｋ－１ＭＡＸが人気絶頂だったのにそっちには行かず、プロレスのインディー団体に入ったわけですもんね。

玉袋　それもまた運命だよね。まあ、ＤＤＴはそういう人材が集まる磁場だったんだろうな。それは高木三四郎っていう人が惹きつける力なんだろうし。

椎名　そう思います。

玉袋　やっぱり、これまでは中学、高校を卒業してすぐにプロレス入りして、徒弟制度の中でプロレスラーとしてスターになっていくというのが王道だったと思うんだけど、そうなると社会を知らない人が多いっていう面もあったと思うんだよね。それに比べると、高木さんは若い頃の社会での経験が全部活きてるんだよね。ひとつもムダになってねえんだもん。

椎名　いままでいろんなプロレスラーの話を聞いてきたけど、高木さんは文脈が全然違いますもんね（笑）。この人はサイバーファイトのトップとして、プロレスを新しい世界に変えていく人だな、トップランナーだなって思います。

玉袋　そうやって成り上がりながら、「チケットは持ってますか？」みたいな驕りがないのもいいよ。

高木　自分がクラブイベントとかやっていたときにまわりにいた連中って、オーナー社長で上場しているヤツがけっこういるんですよ。「高木さん、おひさしぶりです。今度上場することになりました」って挨拶されて、動きを見たら時価総額５００億みたいな。「はー、億万長者だ」と思って。凄いですよ。そんなコたちがけっこういるんで、天狗になんかなりようがないし、「俺も絶対に負けられないな」って思いますね。

椎名　また高木さんの場合、クレバーで要領よくやったと思っていたら、鶴見さんに怒られたり、高野拳磁に引っかかったり、木村浩一郎さんにボコボコにされたり、よくここまでなれたなと思いました（笑）。そこはけっして計算通りっていうわけじゃないんですよね。

高木　基本的に自分は怪しい人が好きだったんで。ブレーメンさんなんかも怪しいじゃないですか。

「ノアをグループに入れた瞬間にコロナ蔓延が起こるって、凄いタイミングでしびれましたけどね」（高木）

玉袋　あれは怪しいよ。

椎名　ＤＤＴにはマッスル坂井っていうおもしろい才能もいるし。

高木　最初からほかにはいないような人間が集まっていたの

で、どこどこのレスリング部でしたとか、柔道部でしたとか、輝かしいスポーツ歴の人は、逆に言うとちょっとお断りしてましたね（笑）。

ガンツ アスリートお断り（笑）。

椎名 でも、きっとこれからそういう才能が入ってきますよ。

高木 まあ、そうですね。突き抜けている人はアスリートでもおもしろいと思うので。でも、そこそこのアスリートはいらないかなって。

椎名 オリンピックに行くような人って、どっか狂ってますもんね。そうじゃなきゃ、あそこまでいけない。

ガンツ あとＤＴＴには貴闘力さんの長男、納谷幸男もいますしね。

玉袋 そうなんだよ。デカいし、いいよねー。

高木 彼なんかは高校在学中に何ひとつ相撲の成績は残していないんですよ。ただ大鵬の孫っていうのと、貴闘力の息子っていうだけなんですけど。でも、やっぱり「コイツは化けるな」っていう感がにじみ出てますね。ウチは2世が多いんですよ。坂口征夫くんとか、赤井沙希ちゃんとか。

玉袋 世界の荒鷲の息子と、浪速のロッキーの娘か。

高木 それで納谷くんもそうじゃないですか。アントーニオ本多は渡辺哲さんの息子ですし。

玉袋 えっ、哲さんの!?

高木 これは知らない人も多いと思うんですけど、じつはそうなんです。しかも彼は双子なんですよ。顔がそっくりのお兄ちゃんがもうひとりいるんです。そうやって2世がどんどん集まってきていて、こないだパンチ田原さんの息子さんがスタッフとして入ってきたんですよ（笑）。

ガンツ リングスタッフの2世まで来たと（笑）。

玉袋 なべやかんなんてのもさ、異能の2世だしね。

高木 ボクはやかんさんと一緒にベルトを持ってますからね（笑）。10人タッグ王者というのがありまして、だけどこのご時世でリング上が密になってしまうので、8人に減らしますとなってそのベルトをやかんさんと持ってます。ボク、やかんさん、百田力くん、納谷くんで。

ガンツ お父さんが有名な人、みんな集めました、みたいな（笑）。

高木 変わった人が集まってますね。でも血統がある人はおもしろいですよ。お父さんが坂口征二だったって、昔の話とかを聞いてもめっちゃおもしろいですね。親父のロレックスを勝手に売ったとか。「怒られてぶっ飛ばされましたけど」って言ってて、ぶっ飛ばされただけで済んだんだって思って（笑）。

玉袋 坂口征二が家にいるだけでおもしろいよ（笑）。

ガンツ そしてサイバーファイトは、これからが本当の勝負ですよね。

高木　そうですね。これからまた打つ手をいろいろ考えないといけないと思っていますね。やっぱりコロナもあるので。

玉袋　エンターテインメント企業としてはそこだよな。

高木　でもノアをグループに入れた瞬間にコロナ蔓延が起こるって、凄いタイミングでしびれましたけどね（笑）。

椎名　ノアはそれで救われましたよね。

高木　そうなんです。親会社の体力があるから続けられるわけで、それなしだったら、いま頃どうなっていたかわからない。でも運よくここまでこれたので、いまは可能性が広がっていますね。いろんなものの価値観が変わり、昔からの興行の常識が成立しなくなってきた時代じゃないですか。でも、その一方でオンラインとかは凄く伸びてるんですよ。こないだの『サイバーファイト・フェス』で、レッスルユニバース（課金制動画サイト）の会員数も大幅にアップしたんですね。1大会でこんなにも上がるんだと思ってビックリしたくらいで。あとはオンラインでのグッズ販売も売り上げが10倍に上がっているんですよ。

玉袋　へえー！　すげえ。

高木　だからまだまだいけると思ってるんです。あとは興行さえ、いまよりもうちょっと戻ってくれれば、勝ち目は全然あるなと思ってるんですけど。

玉袋　いやー、今日は大社長の一代記だったね。これはもう宮尾すすむさんにも取材させてあげたかったよ（笑）。「明るい未来が見えませーん」って言われた業界の明るい未来が見えてきた。

高木　企業プロレスっていうのもSWS時代から見てきて、絶対に可能性はあるはずなんですよ。このコロナの状況で、いろいろ攻めていけるのは親会社がいるからですからね。もちろん、その投資に報いるためにもがんばらなきゃいけないと思ってます。

玉袋　いやー、これは鶴見さんの日記に感謝ですな（笑）。

ガンツ　重要な虎の巻を手に入れたわけですからね（笑）。

椎名　しかも、それを人情で買うっていうのがおもしろいよね。

高木　鶴見さんの日記は、プロレスについて変なことはあまり書いてないんですよ。誰と誰がモメたとかはいっぱい書いてあるんですけど。あとビックリしたのは、今日どこそこで誰を投げたみたいな、首投げ話がめっちゃ書かれてるんです（笑）。

ガンツ　そっちの熱戦譜も充実していて（笑）。

高木　国際プロレスが崩壊する前の北海道巡業中も、若いコかなんかを裏山で投げてますからね。

椎名　これがホントの裏投げ（笑）。

ガンツ　夜のゴロースープレックスですね（笑）。
高木　そういうのもありましたからね。「これは世に出しちゃいけない」と（笑）。
玉袋　ジェームス三木の日記みてえなもんだよ。「春の歩み」だよ（笑）。じゃあ大社長、これからも期待してます！

自己投影観戦記

できれば強くなりたかった

第112回 一度きりの大泉の話を読んで

椎名基樹

椎名基樹（しいな・もとき）1968年4月11日生まれ。放送作家。コラムニスト。

プロレスと嫉妬は切り離せない。日本プロレス時代、ジャイアンツからプロレス入りし、エリートとして育てられたジャイアント馬場に対して、アントニオ猪木が燃やした嫉妬心はもはや伝説である。

プロレスの嫉妬を語る上で欠かせないのがＳＷＳだ。潤沢な資金を持つスポンサーによって運営されたプロレス団体は、発足から嫉妬のるつぼと化した。オーナーの田中八郎は、プロレスを真剣勝負のスポーツだと思っていた。それがＳＷＳを嫉妬によるカオス状態に陥らせた根本的な要因なのかもしれない。実力主義でないが故に、プロレスラーは、それぞれ根拠曖昧な「格」を主張し、互いに足を引っ張りあった。

プロレスと同等に、「嫉妬のエピソード」が多く登場する分野がある。漫画の世界だ。手塚治虫が石ノ森章太郎が発表した画期的な表現の漫画に嫉妬し、「あんなものは漫画でない」という内容の手紙を送り、そのことをのちのち謝罪したことは、漫画家の情熱と純粋さを語る伝説である。

今年の4月に発売された少女漫画家の萩尾望都の回想録『一度きりの大泉の話』は、情熱と純粋さ故の痛々しい嫉妬の物語が語られている。その内容が非常に強い印象だったので、今月はこの本について書きたい。

大家中の大家なので、いまさら説明するまでもないが、萩尾望都は１９６９年デビューの漫画家。現在72歳。代表作は『ポーの一族』『トーマの心臓』『11人いる！』など。ウィキペディアによれば、作品は文学的あるいは文学を超えているとも言われ、文化人たちが多く批評の対象としてきた。

回想録『一度きりの大泉の話』は、１９７０年から１９７２年まで、萩尾望都と竹宮惠子という、当時20歳そこそこの新人漫画家同士が同居し、そこに同世代の少女マンガ家たちが出入りしたことによってのちに「大泉サロン」と呼ばれることになるコミュニティの崩壊、そして萩尾と竹宮の関係の亀裂について書かれている。「大泉サロン」は少年漫画における「トキワ荘」と並ぶ、少女マンガ文化におけるひとつの伝説である。ただ萩尾はその伝説にも、「大泉サロン」という名称にも違和感を感じていて、それは「ルネサンス」のように過去の現象に、あとづけで名前を付けたに過ぎないとそっけない。

この本は、２０１６年に刊行された竹宮惠子の自伝『少年の名はジルベール』へのアンサーとして書かれた。竹宮の自伝が発売されると、萩尾望都のもとに取材の依頼が殺到した。「トキワ荘」のように「大泉サロン」の伝説もドラマ化したいという依頼もあった。しかし、萩尾望都は、竹宮惠子との決別以来その心の傷が癒えず、彼女の作品は一切読まず、40年以上（!）彼女の情報をすべて遠ざけて生活してきた。いまだにトラウマにより体調を崩してしまうという。にもかかわらず、取材を依頼してきた者の中には、萩尾のかたくなな態度を非難する者までいた。そうした状況を終わらせたくて彼女は、今回仕方なく、この回顧録の出版に踏み切った。

『一度きりの大泉の話』を読んで私がまず驚いたのはその文体だった。まるで青春期の少女の独白のような口語体で、少女版の『ライ麦畑でつかまえて』のようだと思った。読み進めると、傷つきやすい内面に触れてしまったかのような罪悪感を覚える。

私はいままで萩尾望都のことを、非常に理知的で男勝りな、強い人物だと勝手に想像していた。それは「女流作家」という肩書きへの短絡的な思い込みが原因だった。しかし、萩尾望都の作品や画風をあらためて見れば、内向的な少女のような人物像のほうが、よっぽどしっくりと当てはまる。自分の単細胞ぶりを思い知らされた。もちろん口語体ではあるが非常に知性に溢れた文章でもある。

一方で竹宮惠子は私の「女流作家」のイメージ通りの、非常に論理的で簡潔な文語体の文章を書く。文体にふたりの正反対のキャラクターが、端的に表れているように思えた。

「大泉サロン」の崩壊は、萩尾望都の才能に嫉妬した竹宮惠子が、その苦しみから逃れるために彼女から離れたくて、同居を解消したためだと『少年の名はジルベール』で語られている。その頃竹宮はスランプに陥っていて、キャリアの初めから自分の作風を確立していて、こつこつと作品を積み上げていく萩尾を見ると、焦燥感に駆られた。しかし萩尾望都は、巻頭作家（人気投票上位）の竹宮が巻末作家の自分に嫉妬しているなんて夢にも思わず、竹宮の引っ越し先の街に自分の居を移す。

そもそも萩尾は嫉妬という感情がわからないと告白する。スポーツなど優劣がはっきりするものなら嫉妬も理解できるが、創作は優劣が付けられない、だからそれに対して嫉妬をするのが理解できないと言う。しかしそれは逆だ。プロレスと同じくはっきりとした勝ち負けじゃないからこそ嫉妬がくすぶるのだと思う。

やがて竹宮惠子は萩尾望都が、自分の作品のアイディアを盗作しているという疑念を持ち、それを萩尾に詰問する。後日、「詰問のことは忘れてくれ」と言いながら、竹宮は盗作を防止するかのような内容の手紙を萩尾に渡す。盗作をした覚えなどない萩尾は、強いショックを受けて精神性の眼病を発病する。常に真っ赤に充血した目は、漫画を描くとチクチクと痛んだ。萩尾は東京を離れ田舎に移り住み、以来「大泉のこと」に蓋をして、現在まで創作活動を続けてきた。

ふたつの青春記に記された内容は、のちに業界を代表する存在となる、若い漫画家同士の創作への情熱からくる軋轢であり、それによって誰かに悪感情を持つことはない。ただただ、彼女たちの青春の純粋さと苛烈さに圧倒されて、強い畏怖の念を抱くばかりだ。藤子A不二雄の『まんが道』や小林まことの『青春少年マガジン1978～1983』などの、他の漫画家の青春記を読んでも、同じようにただただ圧倒される。『少年の名はジルベール』には、『青春少年マガジン』に登場する、創作の源泉が枯れ果てて、自死してしまった漫画家、大和田夏希の名前が出てくる。

KAMINOGE THE BEST MAN

PWCリングかっぱらい事件の主犯が、
プロレス人生マル秘エピソードを公開!!

収録日：2021年6月9日
撮影：タイコウクニヨシ
試合写真：平工幸雄
聞き手：堀江ガンツ

“最高”

黒田哲広

「ハチャメチャだったけど
いい時代だったんじゃないですか。
ただ充実はしていたんですけど、
いろいろ大変でしたよね。
いまじゃ考えられない
アウトなことばっかりやっていて、
会場に私服警官がいたりもしたので」

「全日本は門前払いでしたけど、SWSが分裂して新団体ができたら新弟子が必要になるなって思ったんですよ（笑）」

――先日、スーパー・ササダンゴ・マシン選手が「プロレス界には〝最低のクロちゃん〟と〝最高のクロちゃん〟がいる」って言っていましたが、〝最低〟のほうは以前『KAMINOGE』に出ていただいたので、今回は最高のクロちゃんに出ていただこうかと（笑）。

黒田　本当ですか？　でも、いまはもう「最高」は宮原健斗選手のものなんで（笑）。

――そういえば、いつの間にか満場一致で「最高」を取られていましたね（笑）。

黒田　まさか「最高」のニックネームが取られてしまうなんて夢にも思わなかったですよ。でも、もう彼のものですから（笑）。

――ちなみに黒田さんが「最高」を名乗り出したきっかけはなんだったんですか？

黒田　FMWのとき、大仁田さんが作ったZENというユニットにボクが入ったんですけど、チーム・ノーリスペクト（冬木弘道、邪道、外道、W☆ING金村、ミスター雁之助らのユニット）との対決に負けて、ZENはチーム・ノーリスペクトの〝奴隷〟という扱いになって。それ以降、試合後にかならずムチャぶりでモノマネをやらされるっていうのがあったんですよ。

――そんな罰ゲームがありましたか（笑）。

黒田　で、最終的にはカメラも回っていない控室でもやらされて、そこでボクが動物のモノマネとかをやったら凄くウケたんですよ。それで「黒田いいよ！　最高だよ、最高！」って言われるようになって。そこから「黒田最高」っていうニックネームになったんです（笑）。

――そんな楽屋オチだったんですか！（笑）。永ちゃん（矢沢永吉）に憧れてるからとか、そういうことだと思っていました。

黒田　永ちゃんは好きですけど、「最高」を名乗るきっかけにはまったく関係ないですね。自分もまさか、そこからニックネームがつけられるとは夢にも思わなかったです（笑）。

――のっけから最高の話をありがとうございます（笑）。では、今日はあらためて黒田さんのレスラー人生を振り返っていただきたいと思うんですけど、もともとプロレスラーを目指すきっかけはなんだったんですか？

黒田　やっぱり、最初のきっかけは（初代）タイガーマスクですね。小学校5年くらいのときに友達が「プロレスに出てるタイガーマスクが凄い！」って言っていて「タイガーマスクってアニメじゃないの？」って聞いたら、「いや、いま本物がいるんだ」って言われたんですよ。自分はそれまで金曜夜8時は『太陽にほえろ！』を観ていたんですけど、友達に言われて『ワールドプロレスリング』を観てみたら、噂通りタイガーマスクがいて凄かったんですよ。

——想像を超える動きをしてましたもんね。

黒田　ただ、自分は最初ちょっと冷めていて。タイガーマスクは無敗記録を作っていたんですけど、「いつかは負けるだろうから、その負けるところが見たいな」と思って、プロレスを毎週観るようになったんですよ。そうこうしているうちに、藤波（辰爾）さんと長州（力）さんの名勝負数え歌が始まって、それを観て「あっ、レスラーになりたい！」と思ったんですよね。

——タイガーマスクきっかけでプロレスは観始めたけれど、プロレスラーになりたいと思ったのは、藤波vs長州だったんですね。

黒田　そこから『プロレス入門』っていう本を買って、小学5〜6年からスクワットをやっていましたね（笑）。それで中学から柔道部に入ったりして。

——実際、新日本や全日本の入門テストを受けたりもしたんですか？

黒田　自分がハタチくらいのとき、北海道の函館に住んでいたんですけど、全日本が旭川に来たので入門を直訴にしに行ったんですよ。

——同じ北海道でも函館から旭川って、かなりの距離がありますよね？

黒田　ありますね。夜行列車で札幌まで出て、さらに2時間くらいかかりますから。でも函館には来なかったので全日本旭川大会の会場まで直訴に行ったら、渕正信さんが対応してくれて。「プロレスラーになりたいんです。お願いします！」って言ったら、「うーん、いい身体はしてるけど、背が足りないな。あきらめなさい」ってそれでもう終わりですよ（笑）。

——テストすら受けさせてもらえず、門前払い（笑）。

黒田　当時、入門基準が「身長180センチ以上」だったじゃないですか。自分は177だったんで、足りないといえば足りないですよね。で、ほかの団体を受けようにも、当時は団体の数がそんなになかったじゃないですか。

——全日本、新日本、あとはU系とインディーが少しあっただけですよね。

黒田　あとSWSもあったんですよ。それで門前払いでへこみながら函館に帰る途中、東スポを読んだら「SWS分裂か？」って記事が載っていて。それを見たときに「分裂して新団体ができたら、新弟子が必要になるな……」って思ったんですよ（笑）。

——鋭い！（笑）。

FMW
FMW
FMW

黒田　いまだったら簡単に入れますけど、当時は業界に入るのが大変だったじゃないですか。だから、その東スポの記事にかすかな希望を見出していたんですけど、しばらくしたら実際にＷＡＲとＮＯＷに分かれたんですね。でも週プロ、ゴングを買っても「新弟子募集」の記事が一向に載らなくて。そうこうしているうちにＮＯＷがＰＷＣと分かれてしまったんですよ。

――ＮＯＷから高野兄弟（ジョージ高野、高野俊二＝拳磁）が離脱して、あっという間に分裂しちゃったんですよね（笑）。

黒田　そうしたら週プロに「ＰＷＣが練習生募集」っていう記事が載って、「ついに来た！」と（笑）。それで履歴書を送ったら「入門テストをするので来てください」という電話がきたので、平成４年のクリスマスに上京して、ＰＷＣの道場に行ったんですよ。そうしたら安達（勝治＝ミスター・ヒト）さんがいて、「おー、写真よりもいい身体してるな。今日から道場に住み込めるのか？」って聞かれて、結局はテストなしで通りましたね（笑）。

「ＰＷＣ初の後楽園大会のとき、ボクらはギャラを払ってくれないから道場のリングをかっぱらってバックレたんです」

――ＰＷＣは狭き門じゃなかったんですね（笑）。じゃあ、黒田さんは１期生になるんですか？

黒田　まあ、１期生ですね。いちおう保坂（秀樹）さんとミラクルマン（南条隼人）が兄弟子にはなるんですけど。

――まだ高野兄弟が揃っていた時代ですよね。

黒田　ジョージさんもいたんですけど、すぐに消えたり、いなくなったりしましたね（笑）。

――入ってみてどうでしたか？

黒田　いまではもう全部アウトの世界ですよ（笑）。高野拳磁さんが凄く飲むんで、とにかくボクらも酒を飲まされて。１日で焼酎をグラスで50杯以上は飲まされましたからね。それも全部イッキで、残したら怒られるんですよ。それでやけくそになって飲んだら、拳磁さんから「俺の目を見ながら飲むんじゃねえ！」って殴られて（笑）。

――理不尽すぎる（笑）。

黒田　だいたい夜10時くらいに近くの居酒屋に呼ばれて、朝4、5時に終わればラッキーなんですよ（笑）。で、拳磁さんもお金を払わないからツケが１００万以上あって。マスターがいい人だから粘って6時ぐらいまで飲んで、店を出されたあとは帰ればいいのに「道場で飲むぞ！」って言い出して。

――日が昇ってから、さらに飲むのは嫌ですねえ（笑）。

黒田　それで道場で飲んでいるとき、拳磁さんが「よし、張り手合戦をするぞ！」って言い出したんですよ。ボクと保坂さんの頭の中はもうクエスチョンマークですね。「張り手合戦？」って（笑）。拳磁さんはボクのことを「テツ」って呼んでたんですけど、「テツ、殴れ！」って言ってきて。「代表、ボクできないです！」って言ったんですけど、「いいから、テツ、殴れ。殴れって言ってんだろ！」って言うから、仕方なくバコーンって朝の8時に張り手をしたんですよ。そうしたらあのデカい手でこっちがバコーンって喰らって、それを何発かやってるんですよ。「レスラーになりたくて入ったのに、何をやってるんだろう？」と思って（笑）。

——酩酊しながら殴り合うって、危ないですよ！（笑）。

黒田　めちゃくちゃですよ。ベロンベロンで朝8時くらいに道場で張り手合戦を何発かやって。で、そのあと朝練もあるじゃないですか。

——そのまま朝練！　拳磁さんは当然、そこにはいなくなるわけですよね（笑）。

黒田　1階が道場で、2階が事務所と合宿所だったんですけど、練習が始まると合宿所で寝ていましたね（笑）。

——大変なところに入ってしまったわけですね。

黒田　でも、当時は「プロレス界は常識が通用しない世界だ」と思って入ったので、なんとか耐えられましたけどね。

——よく「新日本で酒グセが悪かった人がUWFに行った」とか言われますけど、拳磁さんも前田（日明）さん、髙田（延彦）さんと同じ時代に新日本の若手だったわけですもんね。あの世代はだいたい酒グセが悪いっていう（笑）。

黒田　ジョージさんも酒グセが悪いですからね（笑）。

——みんな10代から無茶な飲み方をするから、荒れちゃうんでしょうね（笑）。

黒田　これはあとから聞いたんですけど、ボクがPWCに入る前の日に合宿所で酔っぱらった高野兄弟が殴り合いのケンカをして、ブチ切れた安達さんが「てめえら、いいかげんにしろ！　これ以上やったら刺すぞ！」って包丁を持って怒ったらしいですね（笑）。

——物騒な世界ですね（笑）。黒田さんがそんなPWCに在籍した期間は短かったんですよね？

黒田　実際にいたのは半年くらいですね。

——あとから入ったNOSAWA（論外）さんたちとは重なっていないんですよね？

黒田　そうです。だから屋台村時代を知らないんですよ。ボクがいた最後のほうに（将軍KY）ワカマツさんが来て、宇宙パワーとかを知らずにボクたちはPWCを辞めちゃったので。

——拳磁さんが、『リングの魂』とかピザーラのCMでプチブレイクする全然前に辞めちゃっていたわけですね。

黒田　PWC初の後楽園大会のとき、ボクらはバックレたんで。ギャラを払ってくれないから道場のリングをかっぱらって。

――えっ、リングをかっぱらったのって黒田さんたちだったんですか？

黒田　あっ、主犯はボクですよ。もう時効ですから。っていうか、若手がリングを盗むかっていう（笑）。

――給料をもらっていないので、その〝カタ〟として。

黒田　ボクたちは「払ってくれ」と言えないじゃないですか。当時、合宿所には安達さんと、ボク、保坂さん、あとは嵐さん（高木功）がいて。ちゃんこ銭は安達さんと嵐さんが引っ張ってきて、メシはなんとか食わせてもらっていたんですけど、「もうダメだ」となって。それで後楽園をボイコットしてリングをかっぱらおうっていう話になったんですね（笑）。

「ボクは本当に大仁田さんは引退したと思っていましたよ。最終的にはすべてウソだったんですけど当時はまだ2回目ですし（笑）」

――そのリングはどうなったんですか？

黒田　もうないんじゃないですかね。当時、友達が大きな家を持っていたんでそこに運んだんですけど。残っていても、もう腐ってボロボロになっていると思います。

――売ったりしたわけじゃないんですね。

黒田　その友達がどうしたのかはわかんないです。売るといってもリングですからね（笑）。

――まあ、盗品だしすぐに足がつきますよね（笑）。黒田さんはその後、どういう経緯でFMWに行ったんですか？

黒田　リングかっぱらい事件があったあと、自分は函館に帰ったんですよ。とりあえず一度はレスラーにもなれたし、えらい業界だし、このまま引退でもいいかなって。そうしたら安達さんから連絡がきて、「オリエンタルプロレスから話がある」と。でも、「あっ、そうですか。オリプロか……」って（笑）。

――オリプロくらいじゃ再上京する気になかなかならない（笑）。

黒田　そうこうしているうちに、「おまえはプロレスはブサイクだけど体力はあるから、Uインターだったらなんとかなるかもしれないぞ」って言われたんですよ。安達さんはUインターのブッカーだった笹崎（伸司）さんとカルガリーでつながりがあったんで。

――なるほど。笹崎さんも橋本真也さんが行っていた頃、カルガリーで修行をしてましたもんね。

黒田　それを聞いてボクも「Uインターか。またガッチリとトレーニングしないとあかんな」と思っていたら、今度は「じつはFMWっていう話があるんだ」って言われて。ただ、「またイチから新弟子としてならいい」ってことだったんですよ。まあ、ボクはPWCでも5試合くらいしかしてないし、新し

DIRECTV
RO-WRESTLING

DIRECTV
ENTERTAINMENT

いところでちゃんとイチからやろうと思って、新弟子として入ったんですね。保坂さんたちは後楽園に乱入したんですけど、ボクは普通に正規軍の控室に行って「今日からよろしくお願いします！」っていう感じで（笑）。

——FMWは入ってみてどうでしたか？

黒田　PWCとはえらい違いでしたね。「あっ、給料が出るんだ」と思って（笑）。

——ちゃんとしていると（笑）。その頃の同期はどんなメンバーだったんですか？

黒田　同期は田中（将斗）と（五所川原）吾作ちゃん、あとは中山（香里）ですね。

——大仁田さんもバリバリの時期ですよね。

黒田　超凄かったですね。全盛期で。もう口なんてきけないですよ。全国どこに行っても超満員ですから。

——ではFMWに入って、「本当にプロレスラーになった」と実感したような感じですか？

黒田　当時はターザン後藤さんの付き人もやっていて、忙しすぎてあまりよく憶えていないんですけどね（笑）。付き人をして、会場に行って、試合が終わったらプロモーターの接待があって、その繰り返しだったんで。

——練習面はどうだったんですか？

黒田　後藤さんがコーチだったんで、キツかったですね。若手は最初、いきなりスクワットを1000回やらされて、女子も男子と同じメニューをやっていましたからね。

——当時、FMWでデビューした人たちは、メジャー団体同様、そういう厳しい練習を耐え抜いた人たちだったんですね。

黒田　ただ、本当にキツかったんで、たまに合同練習の前に道場に後藤さんから電話がかかってきて、「今日は行けなくなった。おまえたちで自由に練習してくれ」って言われたときは、みんなが「イエーイ！」ってやってましたね（笑）。

——やったー！　鬼が来ないぞと（笑）。

黒田　でも後藤さんには本当にしっかりと教えてもらったので。最初の基礎の基礎はPWC時代の安達さんですけど、プロレスをしっかり身につけられたのは後藤さんのおかげですね。

——そして黒田さんがFMWに入って、2年くらいで大仁田さんが引退するんですよね。

黒田　1年かけて引退ツアーやってね（笑）。

——本当に丸1年、大仁田厚さよならツアーをやりましたもんね（笑）。

黒田　最終的にはすべてウソだったんですけど（笑）。凄かったらしいですよ。「引退だから」って興行料金を上乗せして。

——地方の売り興行を「引退ツアー特別価格」として吊り上げましたか（笑）。

黒田　それでもみんな興行を買ってましたからね。

——興行料金を上げてもプロモーターは儲かっていたんでしょうね。でも黒田さんたちFMWの若手選手は、大仁田さんがいなくなるって本気で思っていましたか？

黒田　ボクは思っていましたよ。いまだったら「引退」って言われても「はいはい、出た出た」って思いますけど。まだ当時は2回目ですし（笑）。

——あんな大規模な引退ツアーは、プロレス界で初めてでしたしね。

黒田　それでまさか復帰するなんて。っていうか、最初から本人の中で復帰プランがあったって、あとから聞いてビックリしましたよ。1年かけて引退ツアーをやってオチがそれかよって（笑）。

「ZENは大仁田さんから『おう、黒田。ヒールやるぞ』って言われたんですよ。たぶんnWoがブームだったからじゃないですか？」

——引退試合も川崎球場で大々的に行いましたしね。

黒田　川崎も超満員だったじゃないですか。5万、6万とか入って（主催者発表5万8250人）。

——いまの新日本の東京ドーム2日分くらい入れたことになりますからね。

黒田　あの川崎球場以外でも、ビッグマッチ、地方巡業問わず、全部入ってましたから。

——大仁田さん引退の直前、後藤さんがFMWを離脱したじゃないですか。あの真相はなんだったんですか？

黒田　ボクもそのへん、よくわかってないんですよ。当時、ボクは後藤さんの付き人でしたけど、離脱が正式に決まる場にはいなかったんで。たぶん本田（雁之助）さんが知ってますよ。今度、何かあったらミスター雁之助さんに真相を聞いてください（笑）。

——雁之助さんは後藤さんと一緒にFMWを抜けましたもんね。

黒田　いまでも憶えているんですけど、離脱する前日に新潟で試合があって、控室では後藤さんと若い選手で「UFOって本当にいるのか？」っていう話をしていたんですよ（笑）。

——離脱前夜、オカルト好きの後藤さんを中心に、そんな論議が行われていましたか（笑）。

黒田　それから試合をして、次の日が後楽園なのでハネて東京に帰ったんですね。それで翌朝早く、当時合宿所で同部屋だったノブ（のちのドラゴン・キッド）に「黒田さん、起きてください。後藤さんから電話です」って言われて電話に出たら、「黒田、いまからロイヤルホストに来てくれ」って言われて行ったんです。そうしたら後藤さん、本田さん、（フライングキッド）市原さんがいて、凄く神妙な顔をしてるんですよ。「えっ、なにこれ？」と思ったら、後藤さんが「まあ、座

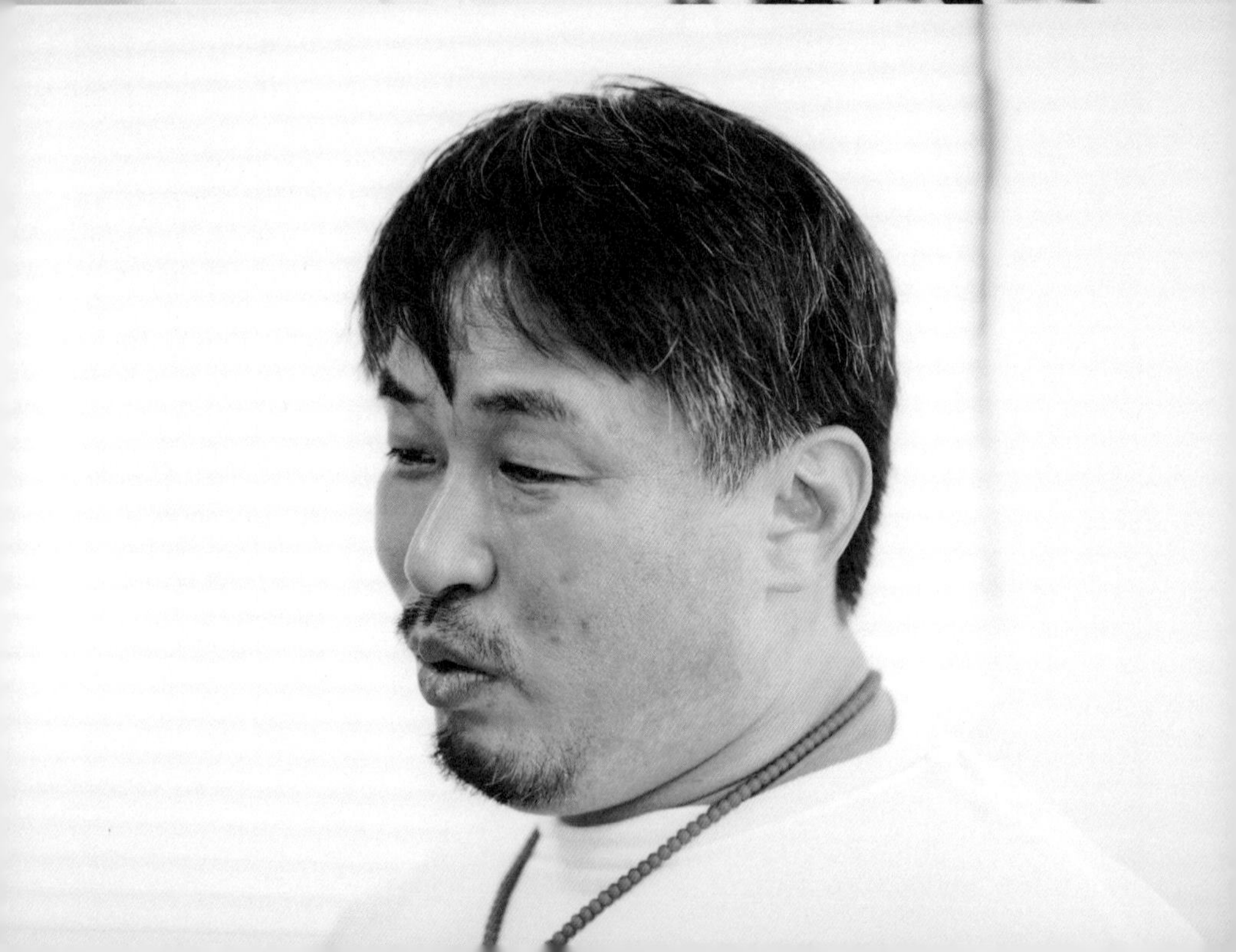

れ。いまから新山（勝利）も来るんだけど、ＦＭＷを辞めようかと思ってるんだ」って話になって「えっ、前日のＵＦＯの話から急にこれか？」と思って（笑）。

——話題の落差が大きすぎるだろうと（笑）。

黒田　それで新山さんが来たあと、後藤さんが当時ＦＭＷで使っていた馬込のホテルの会議室で話し合いをやると言うので、ボクが運転して行ったんですよ。それで着いたら、後藤さんに「黒田、眠たいか？」って言われたんで「はい、眠たいです」って答えたら、「わかった。じゃあ、クルマで待ってろ」って言われて、後藤さん、本田さん、市原さん、新山さんで会議室に行って、ボクだけクルマに残ったんですよ。でも寝ようと思ってもそんなの寝れないじゃないですか（笑）。

——自分も一緒にＦＭＷ離脱になるかもしれないわけですもんね。

黒田　それで数時間後、後藤さんたちが戻ってきて「辞めるから」って言われて。ボクが答えに困っていたら、後藤さんが「こっちについてきたら大変だから」って言ったんで、自分は心の中で「ですよねー！」と思いながら、結局はボクと新山さんは残ったんですね。もし、あそこでボクが「いや、後藤さんについていきます！」って言ってたら、人生が変わってましたよ。

——その後、ターザン後藤一家として世直しに邁進していたかもしれないですね（笑）。

黒田　だいたい当時、ボクはＦＭＷの合宿所暮らしですから、辞めたら家もないわけですからね。後藤さんちに住み込みも嫌だし（笑）。

——その馬込のホテルでの会議のあと、黒田さんたちだけはＦＭＷの後楽園に行ったんですか？

黒田　そうです。でも、ほかのＦＭＷのメンバーは後藤さんたちが抜けるなんて知らないから、自分と新山さんが「こういうことがあった」ってみんなに話しても「またまたぁ」って信用してくれないんですよ（笑）。

——きのうまでＵＦＯや宇宙人の話に夢中だった人たちですからね（笑）。

黒田　でも本当だってことがわかったあとは大変でしたよ。急きょカードも変更して。

——大仁田さんの引退試合も当初は後藤さんが相手だったから、そこから二転三転したわけですよね。「大仁田 vs 石川孝志に変更」と発表して、ファンも「えーっ⁉」ってなったりして（笑）。

黒田　石川さんには失礼になりますけど、そりゃ「えーっ⁉」ってなりますよね（笑）。最終的に江崎さん（ハヤブサ）が来てなんとかなりましたけど。

——石川さんは当て馬だったんですかね？

黒田　たぶんそうだと思うんですけど、ボクもそのへんはちょっとわかっていないです。いま思うと、石川さん相手の引退試合も観てみたかったですけど（笑）。

——大仁田さん引退後、新生FMWになってからはお客さんの入りも変わって大変だったんじゃないですか？

黒田　あれだけ全国どこでも超満員だったのが、急にガラガラですからね。やっぱりハヤブサがエースといっても、プロレスファンは知っていても一般の人は知らないですから。大仁田さんは一般の知名度が凄かったじゃないですか。

——当時、プロレスラーの中でトップでしたよね。

黒田　本当に馬場、猪木の次くらいでしたよ。

——でも新生FMWは苦しいながらもなんとか続けて、新しい固定ファンをつかみ始めたところで、大仁田さんが復帰しちゃうわけですよね。引退発表したミスター・ポーゴの「最後に大仁田と組みたい」という願いを叶えるという口実で（笑）。

黒田　そのポーゴさんもすぐに復帰しましたから（笑）。

——いろいろ雑っていう（笑）。

黒田　それで大仁田さんがZENっていうユニットを作って、自分はそこに入ったことでメインに上がれたんですけど。

——どういうきっかけで大仁田さんのグループに入ったんですか？

黒田　ある日、川越の道場で合同練習しているとき、大仁田さんから電話で五反田まで呼び出されて。行ってみたら「おう、黒田。ヒールやるぞ」って言われたんですよ。たぶん、nWoがブームだったから同じようなことがやりたかったんじゃないですか。同じアルファベット3文字ですし。

「橋本さんとはめっちゃ仲良かったですね。試合もZERO-ONEのバスじゃなくて橋本さんのベンツで一緒に行ってました」

——ハルク・ホーガンがヒール転向で再ブレイクしたのにあやかって（笑）。でもZENの頃の大仁田さんって、新生FMWのファンにリアルに嫌われてましたよね？

黒田　そうなんですよ。ZENはヒールなんでお客がブーイングするじゃないですか。そうしたら大仁田さんがキレるんですよ。「ヒールってそういうものじゃないんですか？」っていう（笑）。

——客から罵声を浴びせられたら本気で怒るヒール（笑）。

黒田　まあ、根っからのベビーフェイスなんでしょうね（笑）。

——そもそも大仁田さんが復帰したときも、本人はベビーフェイスで帰ってきたつもりだったんでしょうね。

黒田　それがすべて裏目に出て。自分のイメージとお客の反応が違ったんでしょうね。

——ファンから「よくぞ帰ってきてくれた！」って歓迎されるつもりでいたのが（笑）。

黒田　大仁田さんからしたら、自分が引退してからのＦＭＷは全然ダメだと。そこで「救世主として俺が！」みたいな感じで戻ろうとしたら、意外と新生ＦＭＷの人気も上がってきた頃だったんですよね（笑）。

——1年でファン層が入れ替わって、後楽園なんかではハヤブサさんがカリスマ化していたときですもんね（笑）。

黒田　大仁田さんからしたら、自分の引退試合で泣いていたファンが歓迎してくれると思ってたのに、待っていたのはブーイングと罵声ですから（笑）。そのブーイングに対して、演技とかじゃなく本気で怒っていましたからね。

——大仁田さんも現場を1年半離れているうちに、ファンの気持ちがまったくわからなくなって、ＺＥＮではふんどし姿になったりしてましたよね（笑）。

黒田　もう迷走ですよ。当時、冬木軍（チーム・ノーリスペクト）がブリーフブラザーズで人気が出ていたじゃないですか。そうしたら大仁田さんが「よし、俺たちは赤フンをやるぞ！」って言い出して。「えっ、大仁田さん、赤フンですか？」みたいなことを返したら「ダメなのかよ？」って。それでふんどしにさせられて。

——大仁田さんに「ダメなのかよ？」って言われて、「ダメだと思います」とは言えないですよね（笑）。

黒田　それでブリーフブラザーズvs赤ふん兄弟というわけのわからない対決をやることになって。結局、ボクらはチーム・ノーリスペクトの奴隷になって「黒田最高」が生まれて。大仁田さんはリアルにＦＭＷを追い出されることになるんですけどね。

——混沌としていましたね。あの抗争から、金村さんとのつながりができた感じだったんですか？

黒田　いや、それがきっかけではなかったですね。ボクはＰＷＣ時代にＷ☆ＩＮＧでも3試合くらいやっていて、そこで金村さんとお会いしてるんですよ。

——じゃあ、デビュー当時から面識があるんですね。金村さんと行動を共にするようになった理由はなんだったんですか？

黒田　もうＦＭＷがダメになるっていうとき、川越の道場で会議をすることになったんですけど、ボクは行かなかったんですよ。そうしたら、冬木さんたちのＷＥＷと本田さんたちのＷＭＦに割れることになって。

——ＦＭＷ崩壊のときも2派に分裂したんでしたね。

黒田　ボクは最初、ハヤブサの件もあったのでＷＭＦのほうに行こうと思っていたんですよ。そうしたらＦＭＷが倒産したあと九州シリーズが残っていたんですけど、冬木さんがその興行をかぶって、代わりに最後まで開催したんですね。ボクも最後まで出ましたけど、冬木さんから「少なくて悪いな」って毎回ギャラをもらっていて。それなのに「冬木さん、ボクはこっちに行きますんで。お疲れ様でした！」って言うわけにもいかないじゃないですか。それで金村さんから電話がしょっちゅうかかってきたのもあって、そのままWEWに行った感じですね。

——そうだったんですね。そこからZERO－ONEにも上がるようになったんでしたっけ？

黒田　金村さんと組むようになったときに「ZERO－ONEから話が来てるんだけど、どうする？」って聞かれて、ギャラもよかったんで「いいですよ」って答えたんです。だから金村さんが持ってきた話だったんですよ。

——そしてZERO－ONEで破壊王と出会って、橋本さんと凄く仲良くなられたんですよね？

黒田　はい。めっちゃ仲良かったですね。最後の最後になっていちばんかわいがられたんじゃないですかね（笑）。

——どういうきっかけで仲良くなられたんですか？

黒田　ZERO－ONEに参戦し始めてから、なんか橋本さんが気に入ってくれたんじゃないですかね。最初、橋本さんは「黒田」ってボクのことを呼んでいたんですけど、あるときから急に「てっちゃん」って呼ぶようになって、まわりがみんな「えっ!?」ってなるという（笑）。

——呼び方が親しすぎる（笑）。

黒田　そこから地方に行っても橋本さんと一緒に食事をするようになりましたね。関東近郊で試合があるとき、ZERO－ONEのバスじゃなくて橋本さんのベンツで一緒に会場まで行ってました。もちろんボクは助手席で（笑）。

——なぜか破壊王が黒田さんの運転手（笑）。

黒田　「てっちゃん、○時までに○○に来てくれ！」って言われて待ち合わせするんですけど、橋本さんは遅刻するんですよ。

——橋本さんの遅刻グセは有名ですよね（笑）。

黒田　水戸で試合があった日に遅れてきたときは、橋本さんはメインだからちょっとくらい会場入りが遅れても大丈夫なんですけど、ボクは前半の試合で明石鯛我っていう若手レスラーとのシングルで、どう考えても会場に着くのがギリなんですよ（笑）。

「ハッスルは当時の新日本よりもギャラは全然よかったですからね。『上はどれだけもらってるんだよ？』って」

——橋本さんは大丈夫でも、黒田さんはアウトになるわけですね（笑）。

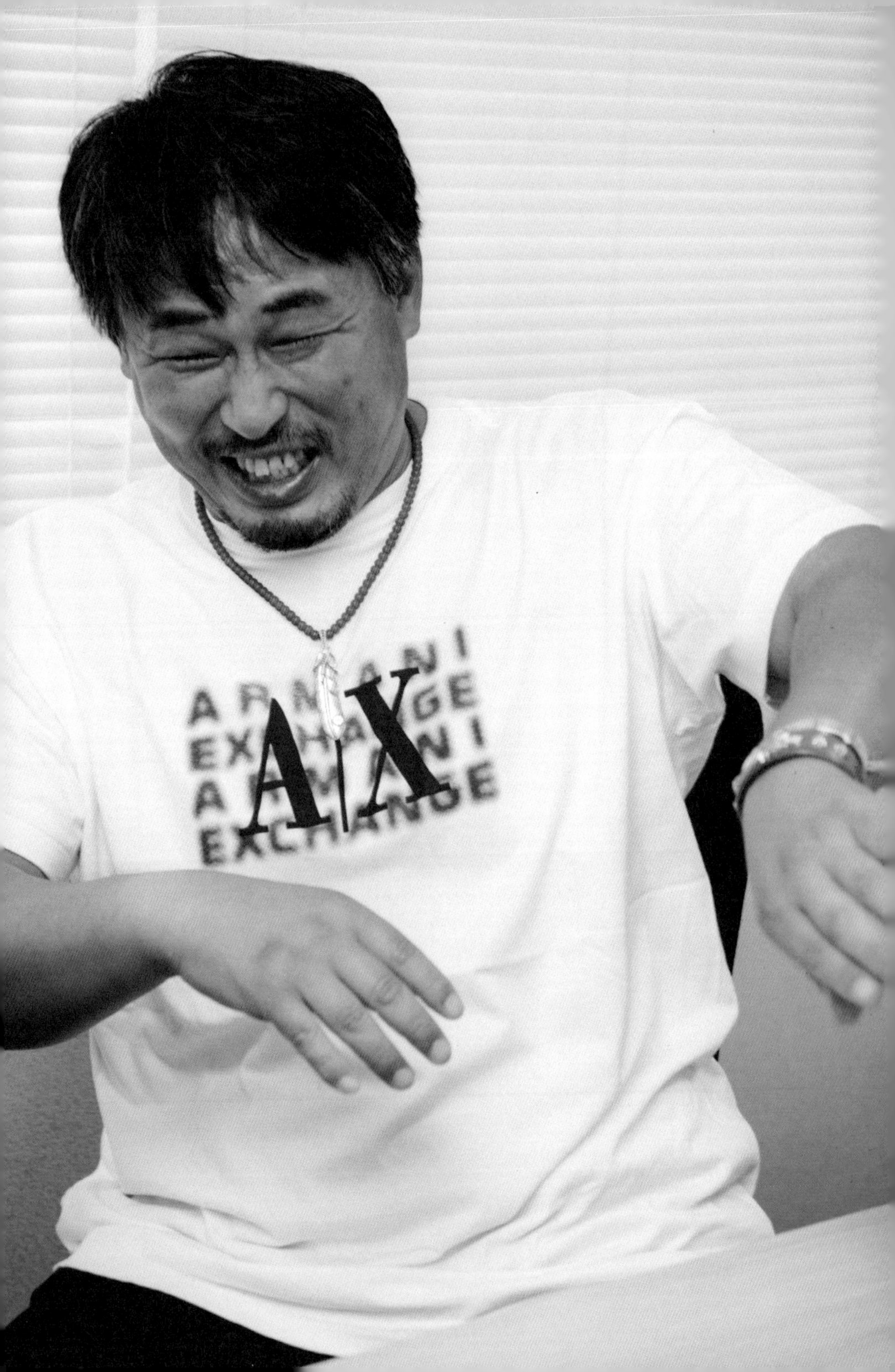
ARMANI
EXCHANGE
ARMANI
EXCHANGE
AX

黒田　もう時効だと思うので言いますけど、「橋本さん、ボク2試合目なんですよ」って言ったら、橋本さんがいきなり時速200キロで走り始めたんですよ。「いや、橋本さん、やめましょう。事故ったら嫌です。危ないです！」って言ったら、橋本さんはニヤニヤ笑って、さらにアクセル踏んで220キロ出してましたからね（笑）。

――速度違反も甚だしい（笑）。それで間に合ったんですか？

黒田　ギリで間に合ったというか。会場に着いてコスチュームに着替えて、リングシューズを履いて、トイレに行く間もなくテーマ曲が鳴りましたから（笑）。それで試合が終わったらまたベンツで帰ってきたと。

――それだけ一緒にいると、嫌でも橋本さんの女性関係を知ったりもしたんじゃないですか？

黒田　いや、でも女性関係については、当時は（冬木）薫さんだけだったと思いますよ。たぶん（笑）。

――いや、薫さんのことを知っているだけで十分で、ほかにもいたら大変です（笑）。もともと冬木さんのところにいた黒田さんからすると、薫さんにあれだけゾッコンになっていた橋本さんっていうのはどうだったんですか？

黒田　最初に金村さんからその話を聞いて、「いやいや、それはさすがにないでしょ～。だって冬木さん、亡くなったばっかっスよ？」って言ったんですよ。橋本さんもお骨を持って爆破されていたじゃないですか（笑）。

――冬木さん追悼の金村さんとの電流爆破マッチで、橋本さんが冬木さんのお骨を抱きかかえたまま爆破したのは涙なしでは見られない感動の名シーンでしたけど、薫さんとの話を聞いて、その涙も止まりましたよね（笑）。

黒田　どっかの地方の控室で、試合前にボクと金村さんが「橋本さん、あの件はどうなんですか？」って聞いたら、もの凄い大声で「惚れたもんはしゃーないやろ！！！」って怒鳴られましたからね（笑）。

――逆ギレされましたか（笑）。

黒田　もうブチギレですよ。みんなもいる控室で（笑）。

――凄い人ですね（笑）。

黒田　最終的には一緒に住んでいて、家でよくパーティーをやられていたんでボクも行ってましたけど。そのときに薫さんが料理を作って、みんなでワイワイ飲んで食べたあと、後かたづけは橋本さんがやってるんですよ。「橋本さん、自分がやります」って言うと、橋本さんが「いや、てっちゃん、いいから。そこでゆっくりしていてよ」って、破壊王がパンツ一丁で食器を洗ってるんですよ（笑）。だから普段から料理を薫さんが作って、後かたづけは橋本さんがやっていたんじゃないですかね。

――そういう夫婦の形ができていたんですね（笑）。

黒田　まあ、当時は夫婦じゃないですけどね（笑）。

——だけど、コソコソするところがまるでないのも凄いですね。

黒田　堂々としてましたからね。あのとき、よく週刊誌に撮られたりしなかったと思って。

——相当なスキャンダルになってましたよね。

黒田　しかも目立つじゃないですか。

——どこを歩いていても橋本真也だって一発でわかりますからね（笑）。

黒田　あの調子だから、関係者はみんな知ってましたしね。

——その後、ハッスルにはＺＥＲＯ－ＯＮＥからの流れで出た感じですか？

黒田　そうですね。金村さんと一緒に出させてもらって。

——ハッスルはどうでしたか？

黒田　「えっ、この仕事でこんなにもらっていいの？」って感じでしたね。当時の新日本よりもギャラは全然よかったですからね。

——そりゃ、いろんな人がハッスルに上がるのもわかるという（笑）。

黒田　言っても、ボクたちはハッスルの中では下のほうじゃないですか。「上はどれだけもらってるんだよ？」って思いましたけどね。ただ、最後の頃は未払いとかあって大変だったみたいですけど、ボクらは取っ払いでもらってたんで、そこはよかったですけどね。

——ハッスルが大晦日にさいたまスーパーアリーナでやったとき、「シークレット・ウェポン」として出てきたミルコ・クロコップのハイキックを喰らって、金村さんがリング上でいびきをかいたことがありましたよね？

黒田　ありましたね〜。あのときはボクがミルコにフロントスープレックスからローキック、その後、金村さんがハイキックを喰らってチャンチャンだったはずなんですけど。一歩間違えたら大事故でしたからね。

——本当にヤバかったんですよね。

黒田　いちおう前日にミルコと会って、キックの点検みたいなことをしたんですよ。手加減してるのがバレバレだと興醒めだし、かといって本気で蹴られるわけにもいかないので。「これぐらいの威力だったら我慢できます」っていうのを実実際に蹴られて試したんですよ。それで金村さんも大丈夫ってことでその日は終わって。それで翌日、本番になってボクが最初にフロントスープレックスで投げられてからローキックを受けたんですけど、「あれっ!?　きのうと全然違う！」っていうくらいローキックが異常に痛かったんですよ（笑）。たしかに前日も痛かったんですけど、「今日のほうがめっちゃ痛くね？」と思って。

――リアル「聞いてないよ～！」って感じで（笑）。

黒田　それで次に金村さんがハイキックを喰らって、KOされて試合が終わるじゃないですか。テレビ中継も入っていて進行がキッチリしてたんで、ボクが小声で「金村さん、行きましょう、行きましょう」って言ったら、金村さんがガーガーってイビキをかいてるんですよ。「いやいや、そんなネタはいいですから戻りますよ。次の試合がすぐ始まるんですから」って言ったら、イビキが終わらないんですね。

「ネイキッドマン・マッチは週プロに批判を喰らって試合リポートは掲載拒否。一生懸命にやってるだけなのに」

――これはヤバいぞと。

黒田　そのときの対戦相手が崔領二くんとアジャ（コング）さんだったんですけど、アジャさんが「ヤバい……」って顔をしていたんですね。それでボクも「これ、マジなの!?　ヤバいじゃん！」と思って（笑）。だけどテレビのスタッフからは「早くどかせ、どかせ！」って言われてるんですけど、イビキをかいてるんで動かしたらダメだからと思って。それでセコンドとみんなで場外マットに金村さんをゆっくり乗せて運んで行ったんですけど、バックステージに着いたら金村さんが起きたんですね。「チッ！　コイツやりやがったな！」と思って。

――結局、演技かよと。

黒田　「みんな本気で心配したのに最悪だな。殴ってやろうか？」って思ったんですけど、金村さんが「ここ、どこ？」って言うんですよ。「試合が終わったんですよ」って言っても、「まだ試合やってないやろ！」とか言って、試合をやったことを金村さんは憶えていなかったんですよ。それでさっきまでイビキもかいていたわけじゃないですか。イビキをかいているときって緊急手術をしなきゃいけないって言われてますよね。脳に出血があるかもしれないんで。

――そうですね。

黒田　結局は入院することもなく、安静にしただけで終わったんですけど、いまだに不思議なんですよ。イビキをかいてるのに蘇生してるんで。

――まあ、本当に無事でよかったですけどね。

黒田　ミルコも相当焦ったらしいって聞きましたよ。自分でも足応えがあったんでしょうね（笑）。

――あのときPRIDEからUFCに移籍して、ひさしぶりの日本だったんで、ついついハッスルしすぎちゃったのかもしれない（笑）。

黒田　で、あのあとミルコからいちおうお詫びということで、金村さんにミルコのサイン入りTシャツが届いたらしいですよ。ミルコも悪いと思ったんでしょうね。「これをアイツに渡してやってくれ」って。「俺のぶんはないんかい！」と思って（笑）。

――キツいローキックを受けてるのに（笑）。

黒田　結局、あのあと金村さんが出るはずだった「年越しプロレス」は、代わりに自分が出ましたからね。さすがに試合したらヤバいってことで。本当に迷惑被りました（笑）。

――あれからプロレス界もだいぶ変わりましたけど、黒田さんも凄い時代を生きてきましたね。

黒田　ハチャメチャだったけど、いい時代だったんじゃないですかね。いまじゃ考えられないことをいろいろ経験できたんで。

――その中でいちばん思い出深い時期は、いつ頃になりますか？

黒田　やっぱり新生ＦＭＷのときですかね。チーム黒田のときがいちばんしんどかったですね（笑）。

――「黒田、最高！」が定着して、いちばんいい時期だったような気もするんですけど（笑）。

黒田　充実はしていたんですけど、いろいろ大変でしたね。いまだったらアウトなことばっかりやってましたからね。

――どんなことをやってましたっけ？

黒田　ザ・グレート・サスケと抗争してたとき、水道橋のプロレスショップにいたサスケをボクらが襲って連れ出して、ワゴン車に入れて。しばらくしてサスケがワゴン車から外に出てきたら、全裸でマスクだけだったとか（笑）。

――ありましたね～。サスケさんが全裸で股間を興行ポスターで隠した状態で、水道橋の路上に放置されて（笑）。

黒田　それでボクがワゴン車から「じゃあな！」って。そんなのいまだったら全部アウトじゃないですか（笑）。で、そのあとにネイキッドマン・マッチですからね。

――リング上ですっぽんぽんにされたほうが負けという、週プロに叩かれて「掲載拒否」された伝説の一戦ですね（笑）。

黒田　あのときは大変だったんですよ。会場に私服警官がいたんで。

――え～っ！　そうだったんですか!?　じゃあ、本当にモロ出しにしていたら、その場にお縄になっていた可能性も……。

黒田　あったんですよ！　当日会場入りしたら、「いま荒井社長が事情聴取されてるから」って言われて「えっ、事情聴取ってなんですか？」みたいな。「なんか通報されたみたいで。ネイキッドマン・マッチってストリップでモロに出すのと一緒だから、それで事情聴取されているみたいだよ」って。

――通報するような無粋な輩がいたんですね。

黒田　試合はもともとボクとサスケで全裸にされたほうが負けってルールだったんですけど、事情聴取を終えた荒井（昌一＝FMW社長）さんが試合前に来て、「やっぱり裸はダメなので、フォールにしてくれ」って言われて、それで急きょフォール決着になりましたね（笑）。

――公権力の介入によりルール変更（笑）。

黒田　「もし全裸にしたら、私服警官が客の中に紛れ込んでるからその時点で逮捕になる」って言われたんで、ワン・ツー・スリーで終わらせたんですよ。いちおうアンダータイツ1枚のギリギリのところでとどめておいて。

――犯罪にならないギリギリまでやったわけですね（笑）。

黒田　そうしたら週プロに批判を喰らって、試合リポートは掲載拒否されて。こっちは一生懸命にやってるだけなのに。

――そのくせ数年前、男色ディーノがリング上で素っ裸になった姿が、週プロの表紙になっていましたからね。同じ雑誌なのに対応が全然違うじゃねーか！っていう（笑）。

黒田　本当ですよ。あのときは大批判でしたから。まあ、早すぎたんでしょうね（笑）。

――いやあ、カオスな時代でしたね。今日は本当におもしろい話をありがとうございました。

黒田　こんな話で大丈夫でしたか？

――いやいや、大丈夫どころか、やっぱり「黒田、最高！」ですよ！（笑）。

黒田　酒飲みながら話したりしたら、もっとハチャメチャな話をしていたと思いますけど、まあ、今日はこんなところで（笑）。

黒田哲広（くろだ・てつひろ）
1971年11月23日生まれ、北海道函館市出身。プロレスラー。
PWCに入門し1993年3月18日、愛知・露橋スポーツセンターの保坂秀樹戦でデビュー。その後FMWに移籍して大仁田厚率いる「ZEN」のメンバーとして活躍したのちサングラスをかけてリングに登場する「最高」のキャラクターを確立。FMW後期はハヤブサとの2枚看板となる。FMW解散後、WEWを経由してアパッチプロレス軍に所属しながら数々のプロレス団体に参戦。2002年ZERO-ONE火祭り準優勝、ハッスル準レギュラー参戦、2006年からは新日本プロレスにも登場。現在もさまざまなリングで活動中。

ARMANI
EXCHANGE
ARMANI
EXCHANGE
AX

坂本一弘

馬乗りゴリラビルジャーニー（仮）

第11回 佐藤ルミナというニュースター

構成：井上崇宏

（さかもと・かずひろ）
1969年3月4日生まれ、大阪府大阪市出身。
修斗プロデューサー/株式会社サステイン代表。

——ついに修斗のカリスマ・佐藤ルミナ登場ですよ。坂本さんが修斗の運営側に回ってすぐ、1996年7月のバリジャパでのジョン・ルイス戦で負った眼窩底骨折で入院中のルミナ選手をお見舞いに行ったとき、「おまえをスターにするから」と言ったと。

坂本　もちろんデビューもしているから、もともと知ってはいたんですよ。やっぱりルミナには新しさのある部分というか、ボクらの時代のシューターとは毛色が違うものを感じていました。

——人種としての流派が違うというか。

坂本　エンセン（井上）とルミナのふたりはやっぱりどこか違いましたよね。独特の空気があるというか、修斗の空気を変えた人たちっていう。それまで凄く武骨な人たちもいたけれど、そのカッコよさの種類が違うというか。

——そういう武骨な世界に、ある種、間違って迷い込んで来たようなところも感じるんですけど。

坂本　でも最終的に彼らが修斗にいるということ、それこそが必然だと思うんですよ。時代が何かを求めるときに、それが世に出る瞬間ってあるじゃないですか？　まさに当時は修斗を変革する時期というか、歴史的にも時代が求めたときに英雄が現れるわけですよね。そういう意味で言うと、あのふたりが出てきたのは必然だったと思う。ルミナは『バーリ・トゥード・ジャパン96』のジョン・ルイス戦で最終ラウンドを持ちこたえてがんばったというところもあったし（結果はドロー）、ここでルミナをなんとかしないと修斗からスターは生まれないんじゃないかなっていう感じはしました。

——それでお見舞いのときに「おまえをスターにする」と宣言したと。

坂本　90年代の終わりって等身大のスターみたいなものが求められるようになっていた時代じゃないですか。それが魔裟斗選手でもあっただろうし、もちろんヘビー級にはエンセンがいるから大丈夫という状況の中で、修斗も等身大のスターを作る時期だったのかもしれないですね。

——一見、見た目は普通のお兄ちゃん。

坂本　そこに音楽とファッションも融合していくんですけど、そこにいたアーティストの人たちもみんな凄くクールだったわけですよ。メジャーデビューしているわけではないんだけれどインディーズで凄い音にこだわってやっているバンドだったりとか、大きなブランドじゃないけどカッコいいデザインのTシャツを作る人たちとか。それがデビロックの遠藤（憲昭）さんとかですよね。

――各界の等身大スターですね。

坂本　同じクラスにいたヤツがじつは凄くてって感じというか。BRAHMANとかBACK DROP BOMBとかミュージシャンもそうですよね。そういう人たちがルミナのまわりに集まったし、その求心力をルミナ自身が持っていたんだと思います。

――みんなが支持したくなるカリスマ性というか。

坂本　だからと言って、ルミナだけであのときのムーブメントができたわけでもないし、ルミナ自身もその集まったみんなを支持していたし。そういうところからカウンターカルチャーが生まれたんだと思うんです。それでボクの最初の仕事で言うと、ルミナはまだ退院したばかりだったので、エンセンとムスタク・アブドーラの試合をメインで組んだ大会じゃないかな（1996年10月4日）。前にも言いましたが個人的に修斗の中でエポックメイキングになった試合はふたつあって、やっぱりエンセンvsランディ・クートゥア（1998年10月25日）、ルミナvsヒカルド・"リッキー"・ボテーリョですよね（1997年1月18日）。1996年という年にエンセンがムスタクに勝って、翌1997年1月にルミナが柔術黒帯のボテーリョからタップアウトを奪うっていう。

――急速に何かが回り始めた。

坂本　しかもバックを取られてピンチがあってから最後にヒールを取るっていう歴史的な逆転劇だったんですよ。あのときに後楽園が札止めになったんですけど、ルミナが勝った瞬間に会場が揺れましたからね。

――それが修斗の歴史における初揺れじゃないですか？

坂本　初揺れですね。それまではそんなにお客さんも入っていなかったのが急に超満員になりましたからね。1996年のバリジャパ以降からフジテレビの『SRS』という格闘技情報番組の放送が始まって、番組からビデオも販売してましたから注目され始めたんでしょうね。

――ああ、『SRS』の格闘技への功績って偉大ですよね。

坂本　それと話が前後しちゃうんですけど、佐山先生が一線から身を引かれてすぐにクラブチッタ川崎（1996年7月28日）で全日本アマチュア修斗選手権とプロの試合が3〜4試合あって、郷野（聡寛）とかが出てるんですけど、そこで決勝戦の最後に闘ったのが桜井速人と宇野薫だったんですよ。その後何年かはあれを超えるアマチュアの試合はなかったんじゃないですかね。本当に素晴らしい試合でしたよ。

――マッハが腕十字で勝ったんですよね。

坂本　そこからマッハも出てきたんですよ。だから何かが本当にこう……ざわつく感じがあったのかな。そのざわつく実体がなんだったのかっていうのはいまでもよくわからないんですよ。それで1997年のバリジャパまでバーッと回っていき、1999年1月にはデビロックと一緒に後楽園でコラボしたりとか。だから1997から1999年、2000年くらいまでがある種のピークですよね。

――修斗ブームと言って差し支えなかったですからね。しかも業界の外に向けて格闘技を伝えていましたし。

坂本　でも、あれが成功だったのかというと「成功はしたけど失敗」っていうのかな。ビジネスモデルとしては失敗ですよね。同じことができないんだから。

――なるほど。パターンが作れなかったという。

坂本　パターンが作れないというよりも、なぜこうなったのかボク自身が理解ができなかったの（笑）。本当にガーッと転がる石みたいに転がっていって、バーンとピークを迎えて、ビッグバンみたいに弾け飛んだだけのことだから、もう1回同じことをやるのはたぶん不可能だし、きっと誰も真似できないんですよね。その後、いろんなところが格闘技と音楽をコラボレーションしてましたけど、やっぱりうまくいかなかったですよね。

――だから誰にもあのお膳立てができなかったっていうことですよね。

坂本　ファッション、音楽、格闘技をミックスさせるということは誰もできなかった。あれはルミナがいたり、遠藤さんがいたり、当時Zaap!の岡（ナルエ）さんがいたり、TOSHI-LOWくんとかいろんな人がいたことでひとつのムーブメントを生んだんですよ。むしろ、ほかの誰かでやって成功しているところを観たいなと思いますけどね。「ああ、なんか似たようなことがまた起こったね」って言いたいですもん。でもこれがなかなか起こらないんですよね。だからビジネスとしては失敗ではある。「こうやったから、こうなったんですよ」ってザクっとしか説明ができないので。

――あの裏原宿界隈だったり音楽業界の人たちは、すべてルミナさんの人脈ですか？

坂本　いえ、じつは発信はAKI-LLAさんなんですよ。

――えっ、AKI-LLAさんって、あの彫師のAKI-LLAさんですか？

坂本　そうです。AKI-LLAさんが人を紹介したり、くっつけたりするのが好きというか得意なんですよ。人脈が凄いんで。それでルミナは何かでAKI-LLAさんと知り合って、そこから遠藤さんとか岡さんをルミナとつなげていった感じですよね。ボクはその現場にはいないんですけど。

――へえー、それは初耳でした。AKI-LLAさんってたしか実家が船木誠勝の実家と隣同士なんですよ（笑）。

坂本　それはこっちが初耳ですよ（笑）。でも知らなかったでしょうね、AKI-LLAさん本人はそれをどうこう語ったりしない人だから。

――あの修斗ブーム以前は、音楽やファッションが好きって人が格闘技をやったりとかしなかったですよね。

坂本　あそこが走りで若いコたちの多くが格闘技に興味を持ち出したと思いますよ。

――やっぱり佐藤ルミナという存在は大き

かったですね。
坂本　それでボクがプロデューサーとしてやるようになって、最初の賭けがルミナとボテーリョの試合でしたよね。なぜ賭けだったかというと、エリック・パーソンが同じ大会に出てるんですよ。
――ライトヘビー級王者を差し置いてのメイン起用ってことですね。
坂本　「なんでエリックがメインじゃないんだ！」ってだいぶ詰められましたからね。でも「ここは違います。ボクが責任を取って決めますから」と言ってルミナをメインにしたんですよ。序列としてはもちろんエリックがチャンピオンだから上なんだけど、興行はそこはまた違うんだっていう概念をボクは作らなきゃいけなかったんですよ。たしかにエリックをそのままメインにしていたらなんの間違いもないんです。それが当然だということもボクはわかっている。でも、それまでのやり方を踏襲しているだけだったら「坂本も普通だよね」ですよ。そこで何かを自分の意志で変えないとダメだったんですよ。ボクの責任のもとにやるとなれば、こういうことが起こるんだよっていうのを打ち出さないといけなかった。
――そうじゃないと、やる意味がないというか。
坂本　そういうことです。それができたか、できなかったかで違っていると思いますし、こういう仕事をする上でのボクの考え方ですね。だから弾けたし、ボクもその賭けには勝ったと思っています。自分で言うのもあれですけど、どっかでボクも調子には乗っていたと思うんですよ。怖いものなしでやっていたんで。そういう意味ではいま考えれば仕事としては恥ずかしいなって思うこともありますね。「まあ、いけるでしょ」みたいな。
――それは調子に乗っていますね（笑）。
坂本　なんでも直感で決めていたところがあったんで。「はいこれ、ルミナがメインね。もう決まり！」って。だってルミナからも「俺がメインですか？」って言われたと思うんですよ（笑）。「そうだよ、おまえがメインだ」「エリックじゃなくていいんですか？」「いいの。俺が決めたんだから」って。
――だからファッションや音楽とクロスオーバーしつつ、リング上は坂本さんがきっちりプロデュースされていたんですよね。当然、そのふたつがあったからこそムーブメントになったという。そのリング上の熱狂を伝えるという意味では『SRS』っていい番組でしたよね。
坂本　いい番組でしたよ、本当に。プロデューサーの清原（邦夫）さんや宇津井（隆）さんとかが「格闘技をまんべんなく伝えよう」という姿勢でやっていて。フジテレビだからK－1もあるし、PRIDEも始めるけど、その隙間に違うものも放り込んでいこうっていうジャーナリズムというか。
――あの人たちは格闘技に関してはマジですもんね。曙vsサップみたいなカードが大嫌いな人たちですよね（笑）。
坂本　とにかく格闘技界を広い視野で見ていましたよね。ただの格闘バラエティ番組ではなかったですよ。だからボクはいまでも感謝しています。

TARZAN by TARZAN

ターザン バイ ターザン

はたして定義王・ターザン山本！は、ターザン山本！を定義することができるのか？「じつは俺、夢の中では繰り返し自罰主義なんよ。夢では何回も別れた奥さんや両親とかに対して申し訳ないっていう思いが繰り返されるんですよ……。だから潜在意識の中では俺も普通の人で『自分が悪い』と思っているんだよね。苦しいんですよ……」

絵　五木田智央　聞き手　井上崇宏

第二十四章

孤高の男

「親友に限りなく近い人は必要だよ。それはつまり自分の分身を求めているわけですよ」

——山本さんって「友情」を感じるような人間関係ってあったりするんですか？

山本　友情？　なんだそれは？

——ボクがわりと友情とかそういう感覚が希薄な人間だと自分で思っているんですけど、だけど虫のいいことに自分が困っているときなんかに助けてくれる人っているじゃないですか？　そういうありがたい存在の人がいるってことを認識したときは凄く感謝するんですけど。

山本　いや、違う。それは「人徳」ですよ。こちらが望むんじゃなしに向こうが好きで助けてくれていることだから。

——ボクの人徳？（笑）。それは助けたいと思うことや行動することとで、その人も満たされていると？

山本　そんなの、助けたいと思っていないと助けないわけですよぉ。こちらがいくらアクションしても、助けないヤツは助けないから。でも自動的に助けたいという心境でガーッと来るのが助けてくれる人なんよ。

——その気持ちを素直に頂戴すればいい？

山本　そうですよ。それは相手との特殊な関係性の中だけで成立する、ふたりだけのコミュニケーションだから。

——あー。いや、ボクのまわりの人たちを見ていて、他者に対する感謝だとか尊重する気持ちというものがいちばん希薄なのはターザン山本さんなのかなって思って。

山本　クックックック……。それはね、そっちから見ると俺は放ってもおいても大丈夫な人間だっていうことなんですよ。だから俺のことを別格扱いしているというか、別次元のところに上げちゃっているわけですよ。

——いや、じゃなくて（笑）、山本さんのいろんな人との関わり方、付き合い方を見ていて「あー、また自分の都合のいいように付き合ってるな」って思うってだけなんですけど。

山本　（ニヤニヤしながら）あのね、それは都合よくというよりも、まずひとつにはめんどくさいんよ。その大前提があるから、都合よく付き合うことでめんどくささを外していくというか。だから佐山サトルと一緒で、何かを頼まれたら「あっ、いいですよー。大丈夫ですよー」っていうスタンスで行くことが自分にとってはいちばんの精神安定剤になるんですよ。だから自分の本音は絶対に出さず、本音以外のところで俺も佐山も人とコミュニケーションすることができるんですよ。そうすると相手は「この人は親切だな」とか「わかってくれてるな」って思っているんだけど、じつは全然違うと。本音のところはその人のことを無視してるんですよ。

——ああ、まず興味がない。山本さんがそうなったのはいつからですか？

山本　（急に立ち上がって）俺は自分の本心を隠すためにそういうことをやっているわけですよ！

——なんで本心を隠すんですか？

山本　（ドカッと椅子に座り）だって本当のことを言ったらさ、人間関係が壊れちゃうじゃない（笑）。

——それぐらいのことは頭の中で考えてると（笑）。

山本　だから、Aという人にはAという話題、筋道、ドラマ、物語を持っていけば好意的な関係になるなっていうのがあるし、それをB、C、D、Eって人それぞれの全部のパターンでできちゃうんですよ、俺は。ワンパターンではなく多様性に富んでいるわけです。会って一瞬のうちにそれができちゃうわけ。

——ニック・ボックウィンクルですか。

山本　そうそう。相手がジルバを踊ってきたらジルバ、ワルツできたらワルツっていうね。それは相手を無視していることになるんだけど、逆に言えばリスペクトしてる。そのまったく違う二面性が同時にできるわけですよ。リスペクトしていないと相手のパターンに付き合うことはできないし、本音を隠しているわけだから相手にとっては失礼なところがあるわけですよ。でも、それが「社会」というものでしょ。

——なるほど！　それが社会！

山本　お互いの立場も違うし、人種も違うし、年齢も違うし、育ってきた環境も違うし、感性も違うんだから。それをうまいことやるのが社会じゃないですか。それが「大人」ですよ。

——それが大人だ！

山本　世間一般で考える大人じゃなしに、俺らは人格的な、「ヒューマンな大人」ですよ。

——ヒューマンな大人？（笑）。

山本　だからニック・ボックウィンクルと同じで、すべて受け入れるんだと。相手の技を受け止めると。

——山本さんにはこれまでの人生で親友みたいな関係の人っていたんですか？

山本　いないね。

——おそらくいないですよね。それは要らないってことですか？

山本　親友に限りなく近い人は必要だよ。つまり自分の分身を求めるわけですよ。だから相手に自分の分身の部分が見えたら、その人と俺は親しいコミュニケーションができるわけ。つまり気に入るわけだよね。気に入った人ができるっていうことは、自分と同じような部分を確認できたときだから蜜な関係になるんですよ。まず、それがなしに友情とは言えないけどね。

「自分のことを孤高と言ったら非常に厚かましいけど、全部わかってるから孤独感に悩まされることがないんですよ」

——自分の分身のような人。

山本　俺の分身というのは、わかりやすく言うと社会不適合者ですよ。お互いに社会不適合者という共通項がある、共犯関係があるっていうことを確認できたとき、そこにいちばんの自由があるわけですよ。でも相手はたいてい自分のことを社会不適合者だと自覚していないので、俺に合わせなきゃいけないっていうことでもの凄くしんどいわけですよ（笑）。だから俺にとって友情というのは、社会不適合者で、それもレベルの高いインテリとつながるということですよ。

——強度の強い不適合者（笑）。ただのダメなヤツじゃいけないわけですね。

山本　ダメだね。ある程度の信念と覚悟を持った社会不適合者じゃないと。そういう人に俺は惹かれるし、友達になりたいと思うし、食事もしたいと思うわけ。

——要するに高度なステージで生きている社会不適合者がこの世にはあまりいないっていうことですね？

山本　ほとんどいないんですよ。まず、社会不適合者というのは仮面を持っているわけですよ。仮面を被った形で社会との関係性を保っているわけですよ。でも基本は自分が社会不適合者であることを自覚しているわけ。その自覚してるってところが俺は好きなんですよ。それでお互いの結びつきが強化されるし、阿吽の呼吸で言葉のやりとりができるわけですよ。

——たしかに。

山本　だから友情というのは「阿吽の呼吸で無条件に会話を楽しめる人」のことなんですよ。話のできる人、同じ土俵に立っている人ですよ。俺はもう世間の人とは言葉で会話することができないもん。常識とかルールとか、そういうことに縛られることができない。

——意外と生きづらいんですね。

山本　いや、それを全部自分の中でわかっていたら生きづらくないわけですよ。

——あー、自覚していると大丈夫。

山本　そこを自覚していない人は自信が持てないから、その悩みや苦しみで鬱になるわけですよ。

——負い目に感じるわけですね。

山本　そう。頭の中で苦しみがグルグルと回っているわけですよ。

——ということは、山本さん自身は孤高の人だっていうことを言いたいわけですね？

山本　限りなく孤立するね。孤立と言っておくのが一般的で、自分のことを孤高と言ったら非常に厚かましいというか……。

——自分の口からは言いづらい（笑）。

山本　そうそう（笑）。「おまえがそれを言うな」みたいなさ。でも俺は孤高なんだよね。孤高の人間は全部わかってるから孤独感に悩まされることがないんですよ。

——でも「孤立」と「孤高」の違いってそうかもしれないですね。自覚があるかどうか。

山本　そうそう。強い自覚で信念があると孤立から一段上がって孤高になるわけですよ。孤高だからといってさびしいとか、人に相手にされないとかじゃなしに、自分を愛しているからまったく孤独感に苛まれることはないんですよ。

——いま、「高いところからすいません」状態ですよね（笑）。

山本　かなり上から目線だよ（笑）。

——山本さんってそんな感じなんですねえ。

山本　こんな感じですよ。あと、これも言っちゃおしまいなんだけど、俺は頭がいいんだよね。

——そういう話を聞きたいです（笑）。

山本　俺はね、やっぱ頭がいいんですよ。

——いかんせん（笑）。

山本　いかんせん、人よりも数段（笑）。ちょっとズバ抜けてるから。だからといって井上くんのこととかも普段バカにしているわけじゃないよ？

「長州とは極端に会話がスイングするんだよね。そういった意味では非常に危険な関係ですよ！」

——あたりめーだろっ！（笑）。そうか、人よりも数段頭がいいっていう自覚もあるんですね。

山本　あるけども、実人生では嫁さんに逃げられるとか、俺はいままでどうしようもない人間を演じてきているわけでしょ。実人生だけ見ると俺は完全に脱落者ですよ。

——そこで人並みにショックを受けたりもするわけじゃないですか。壊れそうになったりとか。

山本　うん。でもすぐに立ち直るから。

——頭がいいから（笑）。

山本　ああ。

——「ああ」って（笑）。

山本　俺は頭がいいからすぐにチェンジマインドするからね。自分を正当化するんですよ。他罰主義になるんですよ。「俺は悪くない」と。そこで「全部、自分が悪いんだ」と自罰主義になる人は弱いね。俺は自分が悪いと思ったことは1回もないから。

——1回も。

山本　ただね、俺、本当は夢の中では繰り返し自罰主義なんよ……。

——おっと？　夢の中では自分のことを攻め続けちゃうんですか？

山本　夢の中で何回も、別れた奥さんや両親とかに対して申し訳ないっていう思いが繰り返されるんですよ……。それは最近もずっと。だから潜在意識の中では俺も普通の人で「自分が悪い」と思っているんだよね。その意識が夢に出てきて苦しめられるんですよ……。

——それはけっこうな頻度であるんですか？

山本　毎日ですよ……！

——ざまあ!! 山本さん、もうずっと寝ていて反省してください（笑）。

山本 たとえば田中八郎社長とかさ、SWSに対しても懺悔しているわけですよ。

——夢の中で田中社長にも謝ってる（笑）。

山本 こんなことになるなんて考えたこともなかったよ。自分でビックリしたよ。

——ちなみに夢の中に長州力は出てくるんですか?

山本 長州は出てこない。俺と長州はそういう関係性を超えたレベルであり、ある意味では最上級の友達ですよ。

——親友だ（笑）。たぶん、いまでも会話をしたらめっちゃスイングすると思うんですけど。

山本 長州とは極端にスイングするんだよね。向こうがパッと言葉を発したら、こっちは全部理解しちゃうんだもん。逆にこっちが言った一言も長州は過剰に理解しちゃうんだよ。

——その感じ、わかる気がします。

山本 それがお互いに凄すぎるんですよ。そういった意味では非常に危険な関係ですよ!

——だから最終的に殺し合っちゃうと。

山本 そう。お互いに反応しすぎなんですよ。

——ふたりが会って話をしているところを聞きたいですね。似てますよね、長州さんも人間関係はドライですし。

山本 そうだよ。

——ただ、やっぱり孫ができて、だいぶ人は変わりましたね。

山本 いまは凄く家庭的じゃん。家庭の人というか家族の人になっているでしょ。でもそれは吉田光雄の素なのかもしれないしね。あと俺はこんな凄い夢も見るんだよ。俺は殺人をしていないのに、殺人犯として追われて、俺が殺人したことをどんどん証明されていき、ついに俺は殺人したことになって処刑されるんですよ。

——なるほど。そういう夢を見ると。

山本 そこで「もしかしたら俺は本当に殺人犯なのか……?」という恐怖感に駆られながらじわじわと追い詰められていく夢を見るんですよ。

「女性に対して丁寧な、きめの細かいコミュニケーションができないという宿命ですよ」

——なかなか大変そうですけど、寝ているときと起きているときでうまくバランスを取れてるんじゃないですか?（笑）。

山本 睡眠を取ると、意識の下に眠っていたものがガーッと出てきて逆流してくるわけですよ。だから寝てから3時間後には目が覚めるんですよ。

——でも、そこも含めて山本さんなわけですからね。

山本 一言で言うと、やっぱり罪深いよね。

——業が深い。

山本 業が深いね。

——ただ、直接的に誰かを傷つけたり、壊したりするってことはないんじゃないですか？

山本　それはない。でも愛した女性から恨まれていることはたしかなんだよね。実生活の中で俺はその愛に応えられなかったから。一緒に豊かな生活をするとか、将来を安定させるとか、そういうことに対して俺は協力しなかったんですよ。無理だよね、俺には。

——どう考えても無理ですよ。山本さんに人生設計とかされても困りますよ。

山本　だから俺がいま、この歳になっていちばん反省してることは、ひとりの女の人を好きになったとしたら、俺はいつも自分の中の感情でガーッと勝手に片想い的に好きになるわけですよ。それでは十分じゃないんだなと。本当はその「好き」であるという感情が日常に降りてきたときは、日常とともに生きる彼女を愛さなければいけないんだということだよね。

——おー！

山本　日常の中の彼女を好きにならなければいけないんですよ。だからこれからもし俺に好きな女の人ができたら、俺は好きだという感情よりも一緒に日常的な時間をふたりで過ごすこと、日常的にその人を幸せにしなきゃいけないんだよね。そこに俺は気づいたんだけど、もう遅いよ。

——いまごろ刀を研がれても、斬る相手がなかなか出てこない（笑）。でも山本さん、それは成長ですよ。

山本　そんなことに75歳で気づいてたら遅いよね……。

——遅いは遅い（笑）。

山本　「日常的な彼女を愛することが、本当に愛することなんだな」っていうことが俺はわかったね。

——いい言葉。男女関係って、そこが理解できない、実践できないからおかしなことになるわけじゃないですか。

山本　女性からするとね。男って「好きなんだから何をしてもいいじゃないか」って思っちゃう節があるんですよ。それって女性の日常的な時間の細部のディテールをフォローをしていないわけですよ。俺はそのディテールを愛したいと、いま思っているわけですよ！

——山本さん、いろいろ考えてるんですね。

山本　はい。それが相手を幸せにすることの最大の定義なんじゃないかと思っているわけよ。そういう精神が本当の愛なんじゃないかと。ハッ！　いま俺、凄く寝ぼけたことを言ってるよね……？

——寝ぼけてないですよ。マジでちょっと刺さりました。

山本　刺さった？　ドンドンドン！（興奮してテーブルを叩く）。

——そうですね。はあー、またしても山本さんから教えられましたね。まだそれを実践したことのない人の意見だけど（笑）。

山本　パチパチパチ！（うれしそうに手を叩く）。俺は暴れん坊だから、そんな女性に対して丁寧な、きめの細かいコミュニケーションができないという宿命ですよ。ハッキリ言ったら、どだい無理な話なんですよ。求められても困るんですよぉ。

——そういうところを愛してもらわないとっていう（笑）。

山本　でも、そうやっていると時間の経過とともにお互いが決裂するわけでしょ。だからそこをやらないことには本当の愛には到達しないっていうことに俺は気づいてしまったんよ！　いやあ、俺も歳をとったなと思ってねえ。

「75歳まで自分勝手にマイペースな生活を送ってるということは、他人のことをあまり考えずに生きてきた証明でもある」

——いやいや、それは成長ですから。じゃあ、これから山本さんと出会う女性は幸せになりますね。

山本　いかんせん、もう遅いんだよね。こないだ『マディソン郡の橋』という古い映画を観たんよ。カメラマンと主婦という男女が4日間だけ出会って、そういう関係になって愛し合うみたいな内容でね。もともと彼女はイタリアに住んでいて、そこに来たアメリカ兵と恋に落ちてさ、彼女は「アメリカに行く」と大きな夢を持って行ったら、なんとそこはアラバマのとんでもない田舎町だったっていう（笑）。

——夢見るアメリカではなかったと。

山本　都会ではなく農業社会みたいなね。そこで子どもがふたり生まれて、真面目な旦那さんが農業をしながら生活していたわけですよ。そこにたまたま男性のカメラマンが来て、自分の旦那さんと子どもが遊びに行っている間に出会って親しくなるんですよ。彼女は日常ではよき母であり、主婦であり、妻であるという役割を演じていたわけだけど、そこに突然誰かもわからない旅人が来た。そうすると、つい彼女も旅人の次元に行くわけよ。それは日常生活の中で埋没した自分から、本当の自分が出てきて燃えるわけですよ。

——むき出しの自分が。

山本　そして心の動揺から情熱に行くわけだ。でも結局最後は家族を捨てられないから、旅人は去り、彼女も家庭にとどまったっていう話なんですよ。だから女性は常に「私にはもっと別の人生があったはずだ」と思いながら生きているんですよ。彼女はそこに罪の意識はない、真実があるんですよ。だから彼女は言うわけですよ。「結婚した瞬間に自分の人生の時計が止まった」って。もう終わりなわけですよ。でも旅人が来たことによってまたその時計が動き出したわけ。まあまあ、全部話すと長くなっちゃうんだけど、それを観て俺も燃えたねえ。

——ちなみにボクが燃えた映画は『スカーフェイス』ですけどね。

山本　それでさ、最後に別れるときに男がこう言うんですよ。「俺はキミにひとつだけ言っておきたいことがある。キミとの出会いは俺の人生の中で最後のたしかな愛だった」って。

――男ってそういうとき、適当な総括をしますからね（笑）。

山本　そうそう！（興奮してテーブルをドンドンと叩く）。都合よくウソをつくんですよ！（笑）。でも、その言葉を聞いて彼女も心穏やかにして元の生活に戻っていくんだけど、別腹で彼のことを想うことによってバランスが取れるわけですよ。いいプロレスですよ！

――いいプロレスですね。だけど「プロレスする」ってことが実生活においてはいい面と悪い面がありますよね。考えすぎちゃうこともあるし。

山本　プロレスをすることで、いまの社会、普通の人たちから拒否される土壌はもうないよね。でも猪木さんがやってきた、ある程度のネガティブなことは容認されるという形のプロレスは、コンプライアンスがあってもうできないんだよね。

――拒否はされない土壌なのにできないっていう。

山本　いまはもうプロレスができないんですよ。世の中の全部がフラットになっちゃってるから。

――求められるのは白か黒かの結果ですもんね。

山本　俺たちはグラデーションがあるからド変態なわけですよ。白にも黒にも灰色にも変化できて、自由奔放にそれを使い分けることができるわけですよ。

――それも見る角度によって違う色に見えたりして。

山本　「見方を変えたらこうなるでしょ」とか。

――そんなのはもう通用しないんですかね。

山本　「こっちから見たら違うでしょ」って言っても「何を言ってんの？」ってなるわけですよ。そういう全然通じない時代になってしまったことで、俺の中には自分の時代遅れ感とジレンマがもの凄くあるわけですよ。だから猪木さんっていう人は罪深いよね。そういう思想を俺たちの肌と脳に与えてしまったというか。それで、またそれを自分たちは快感、喜びとして感じてるから興奮しちゃうわけなんだけど、ほかの人からすると「なんでこんなことしてるの？」みたいなさ（笑）。でもね、失望するにはまだ早いんですよ。こんなド変態でも好きになるというか、興味を持ってくれる女の人はたまにいるんですよぉ！

――一定数はいると（笑）。

山本　絶対にいるんですよ！　それを発見したときのこの上ない喜びというかさ。

――でも、それも期間限定なんじゃないですか？　たいていはみんな実生活に戻ると思いますよ。

山本　そう。だからそれが現実化したり、成長過程をたどるってことはないんだよね。瞬発的なんですよ。そこにまた限界があるわけですよぉ。

――でも、いまの山本さんならそこで最高のホスピタリティを提供することができると（笑）。

山本　いままで犯した過ちを修正しなきゃいけないんです

よ！　俺は75歳まで生きてきて、それなりに自分勝手にマイペースな生活を送ってるということは、それは他人のことをあまり考えずに生きてきた証明でもあるんだよね。もし相手のことを考えていたら、俺はもっと早く潰れてますよ。

——両者リングアウト。難しいですね。

山本　結局、最後は自分が生き残ろうとしてるんだなっていうね。

ターザン山本！
（たーざん・やまもと）
1946年4月26日生まれ、山口県岩国市出身。ライター。元『週刊プロレス』編集長。立命館大学を中退後、映写技師を経て新大阪新聞社に入社して『週刊ファイト』で記者を務める。その後、ベースボール・マガジン社に移籍。1987年に『週刊プロレス』の編集長に就任し、“活字プロレス”“密航”などの流行語を生み、週プロを公称40万部という怪物メディアへと成長させた。

吉泉先生と同郷である坂井良宏くんが買ったクルマ、とっても大きくて笑っちゃいました。

どうしたの？
だまっちゃってさ
ドキ
ドキ
ドキ
ドキ
……
毎晩体を持て余してうなされてるぜ
ドックン
ドックン
ドックン
いくぞ
え
そーっ

！
待って
がしっ
!!
パンサー
私のこと誤解してる
そういう女じゃないのよ
私

子どもがいるし
たまってるとか思った？
最悪だ
オレは最悪だ
いや……
オレはその……
品性下劣
オレは最低の最悪だ
つづく

KENICHI ITO

涙枯れるまで泣くほうがEマイナー

VOL.07

船木誠勝との遭遇

伊藤健一

(いとう・けんいち)
1975年11月9日生まれ、東京都港区出身。格闘家、さらに企業家としての顔を持つため"闘うIT社長"と呼ばれている。ターザン山本!信奉者であり、UWF研究家でもある。

"ほしいのは俺いいね!" by甲本ヒロト(『KAMINOGE』94号より)。

このSNS全盛時代、他人からのいいねばっか気にしていないで、みなさん、"俺いいね!"を取りに行っていますか!

井上編集長からは「おまえの解釈はだいぶ間違ってる」と言われている私ですが(笑)、先日、会心の"俺いいね!"を取ることができたのだ!

それは5月30日、新木場1stリングで開催された『ねわざワールド品川10周年記念興行』という大会に、グラップリングマッチで出場したときのこと。

この大会では所英男、ミノワマン、髙阪剛、船木誠勝らの豪華メンバーによるエキシビションマッチが組まれていて、私はついにUWF戦士の中でこれまでほとんど接点のなかった船木との遭遇を果たすチャンスを得たのである!

当日、会場に着くと私はその豪華メンバーとは別の控室だったのだが、練習仲間の所英男のはからいもあり、しれっと豪華メンバー控室に陣取ることに成功。

そこにはもうすでに船木がいて、「やべえ、マジで船木がいる……」と興奮したのだが、なんの面識もないし、試合前だし、とにかく平静を装う。

そこに特別ゲストの中井祐樹先生(これまた豪華!)もやってきたので、しばし歓談する。中井先生は格闘技だけでなくプロレスの知識も半端ないので、お会いするとついつい話し込んでしまうのだ。

中井先生との会話中、私は最近ハマっているアームロックについて質問した(なぜハマっているかは『KAMINOGE』112号「前田日明のアームロック」を参照)。

「俺、じつはキムラ(※中井先生は柔術家なのでアームロックをキムラと呼ぶ)の選手なんだ」と言う中井先生からいろいろとコツを教えていただき、非常に勉強になった。

だが、私が「所英男のアームロックが凄くて防げないんです」とボヤいた瞬間、「俺は彼とは組んだことがないからわからないな（キッパリ）」といまだにファイターの魂を持つ中井先生の眼が一瞬にしてキラーとなり、めちゃめちゃ怖かった……。

しかし最後には「伊藤くん、やっぱり最後はキムラなんだよ」とありがたきお言葉を頂戴して束の間のレクチャーは無事終了した。

興行が始まると、私は勝手に所英男と師匠の髙阪さんのセコンドにつき、ふたりのエキシビションを楽しんだ。

所英男などは序盤から極めまくり、最後の最後で相手に花を持たせる形で極めさせて、まんまと会場を沸かせてみせた。「さすがやな」と感心する。

そしてとうとう私の試合の番がきた。相手は若手MMAファイターの椿飛鳥選手。

グラップリングの試合になると、私はハーフガードという形が得意なのだが、QUINTETでは中村大介選手に、練習では所英男にあっさりと破られてから極められてるので、今回は少し改良して試合に挑んだ。

その改良の成果からか、相手も攻めあぐんでいて、終盤に中井先生直伝のアームロックの形に入ることができてなんとか判定勝利！

自分で言うのもなんだが、さっき教えてもらったばかりの技をすぐさま試合で試しちゃう大胆さが私の強みである。

何はともあれアームロック鬱にまでなった私が、それを効果的に使って勝利し、高阪さんからも「ケンイチ、やっぱり最後はアームロックだな！」と褒めていただき大満足。

しかし、その日はぶっちゃけ試合よりも、そしてアームロックよりも大事な任務があった……。

それは船木に勝利者トロフィーにサインをもらうことだ。

私はZSTやリングスで勝利者トロフィーをもらうと、かならずそれらに前田日明、ヴォルク・ハン、リングアナの古田信幸さんにまでサインをもらいコレクションすることにしているのだ。

「船木バージョンをもらえるチャンスはここしかない！」と思い、いざ試合後のハイテンションそのままで船木に話しかけて無事にサインをゲット！

私にとっては最高の〝俺いいね！〟だ。やったぜ。

そこで私が髙田延彦と接点があることを伝えると、船木はニコニコしながら「身体能力、特に握力が半端ない」「アームロックが凄い」「2回目の横浜アリーナの対戦でローキックが強すぎて心が折れかけたが、バレないように休憩した」など、UWF研究家としてはニヤニヤが止まらない髙田伝説をたくさん披露してくれた。

本当に嬉しそうに話してくれたので、「船木は髙田のことが好きなんだな」とファンとしても大感激だった。

そうして私と船木が楽しそうに話していると、近くにいた中井先生もそれを興味深そうに聞いていたのだが、あのときバリジャパで、もしもヒクソンに勝ったら髙田に挑戦状を送ろうと思っていた中井先生の眼が、またもやキラー状態になっていて、私は背筋がゾッとしたのであった……。

マッスル坂井と真夜中のテレフォンで。

6/15

MUSCLE SAHAI DEEPNIGHT TELEPHONE

「俺はパワーポイントを使ってプレゼンするみたいなキャラクターですけど、そこで生産性を上げるためとか、どこどこを改善したいとかっていうのは、普段そういうことをやっている人への批判ですからね。伝わってないけど」

「太っていてパクチーが好きって人はいないですよ。身体の脂分とかとケンカしちゃうから」

——きのうは坂井さんが芸能の仕事で東京に来られていて、めちゃくちゃひさしぶりにお会いしましたよね。

坂井　そんなにひさしぶりですか？

——いや、たぶん今年に入ってから会ったの初めてですよ。

坂井　えっ、そんなになります？　たしかに前に会ったときはふたりとも半袖、半ズボンだった気がするけど（笑）。青木（真也）さんと3人で井上さんの事務所でしゃべってた日が最後だったのかな。

——えっ、そんな日ありましたっけ？

坂井　井上さんの事務所で青木さんが「全部脱毛したんですよ」ってパイパンの股間を我々に見せつけてきたような日があったような気がしますけど。

——気持ち悪い日だな（笑）。

坂井　青木さんが「パイパンは格闘家のエチケットですから」みたいなことを言いながら。まあ、そんなことは言ってませんでしたけど（笑）。

——それできのう会ったときに収録すればいいものを、今日また東京－新潟間で電話してるっていう（笑）。でも俺はきのうビックリしましたよ。坂井さんってパクチーが食えないんだね？

坂井　アッハッハッハ！

——飯を食いに行って、料理をシェアしようってことであれこれ頼んで、俺が「あとタイ風サラダも」と言ったら「あー、いい

構成：井上崇宏

ですねー」って言ってたのに（笑）。

坂井　タイ風サラダっていろんな解釈があるからね。エビ、チキン、あとはナッツを砕いたようなのは絶対に入ってくるだろうという予測はあって、まあパクチーも少々乗ってくるかもしれないけど、もやしや玉ねぎ、パパイヤとかがある程度のメインを飾るんだろうなと思っていたら、まさかのパクチーがメインでしたもんね。

——ほぼパクチーで、エビ、チキン、ナッツがちょこちょこっていう。だから俺はパクチー以外のものを全部食われてね、あんなシェアの仕方は初めてだよ。でも、たしかに坂井さんはパクチーが嫌いそうな顔をしてるんだよな。

坂井　あのね、太っていてパクチーが好きって人はいないですよ。太っている人はパクチーが嫌いだから。なんでかって言うと解毒作用があるでしょ。パクチーが身体の脂分とかとケンカしちゃうから、デブが食べたものを全部出しちゃうんですよ。

——なるほど。でもきのう、ちょっと食べてみたでしょ。

坂井　いや、だからそれも恐る恐る食べたんですよ。「パクチー食べられないんだ？」って言われたのが恥ずかしくて食べてみたら、なんか意外と食べられたというか、むしろうまかった。ここ最近は湿度も高いし、ちょっと夏バテ気味になってきてたんで、そういう身体をシャキッとしたいときになんかパクチーは合いますよね。むしろコメのほうがなんか違うなって感じがしましたもん。腹に溜まるばかりだなと思って。

——前にハイパーヨーヨのおふたりとマネジャーさんと一緒にご飯を食べに行こうってなって、坂井さん御用達の恵比寿の餃子屋さんに行ったじゃないですか。

坂井　はいはい。行きましたね。

——「ここは坂井さんの行きつけだからオーダーは坂井さんにまかすわ」ってことになったんだけど、そうしたら「焼き餃子ニンニク抜き4人前と、水餃子ニンニク抜き4人前。とりあえずそれで」って頼んでて、「あれ、なんで全部ニンニク抜き？」と思って。それでまあ餃子が来て、それでもやっぱりうまいなと。それで「でもこれ、ニンニクが入ってたほうがもっとおいしいんじゃないの？」って言ったら「俺、ニンニクを食べると腹壊すんですよ」って言われて「おめえの都合か！」ってなって（笑）。

坂井　いや、ちょっと聞いてください。餃子屋ってメニューに「当店の餃子にはニンニクを使用しておりません」って書いてあるパターンと、何も書いていないパターンかの2パターンじゃないですか？　何も書いていないっていうことは当たり前のようにニンニクが入っているパターンであって、もともと俺はニンニクでお腹を壊しやすいっていうのがあったんですけど、昨今のように餃子専門店の人気が出てくるにしたがって、あえて「ニラ&ニンニクあり」とか「ニラ&ニンニクなし」が同じ文字の大きさで二枚看板として並記されていることが多々あるんですよ。

——右近と左近ね。

坂井　運慶と快慶ね。そうやって並べられたときに俺は「ひょっとして、なしのほうがうまいんじゃないか？」っていう仮説を立てていたんですよ。

——それは保身ではなく？

坂井　ではなく。でも、みなさんが「ニラ&ニンニクありを食べたいですよ」と言うから「じゃあ、それも食べますか」って渋々追加で頼んだら、まあ8倍くらいうまかったんですよね（笑）。

——アハハハハ！　でしょ〜？

坂井　マジで8倍くらい。だから俺はいま「ニンニクの臭いが1週間は取れないよ」って言われている餃子とかを好んで食べに行ってますからね。あとはいまマスク全盛期ですからニンニクも積極的に摂取していこうっていうね。しかしパクチーなんていうのは、きのう食べてみて初めてうまいと思いましたからね。

——なんかこの歳になって、食わず嫌いだったものが食べてみたらうまかったって、これまでの時間を凄い損した気分になりますよね。

坂井　じつは今日もパクチーを食べに行こうと思ってるんですよ（笑）。さっき「新潟市パクチー」で調べてたくらいなんで。

——坂井さんは食べ物以外で嫌いなものってなんですか？

坂井　えーっとですね、なんだろうな……ちょっと思い出さないとないな。

——じゃあ、俺からいいですか？

坂井　あっ、いいですよ。

——これはマジの悩み。いいモンぶろうとかじゃなくて、俺はメイクマネー、お金を稼ぐための仕事が苦手。

坂井　えー？　それはカッコつけすぎてますねー。

——いやいや、カッコつけてないですよ。ウィークポイントですよ。でもマッスル坂井とかスーパー・ササダンゴ・マシンもそんなことない？　基本は自分が得意なこと、好きなことをやる前提でお金を得て生活をしているというか。

坂井　基本的に俺はパワーポイントを使ってプレゼンするみたいなキャラクターですけど、そこで生産性を上げるためとか、どこどこを改善したいとかっていうのは、普段そういうことをやっている人への批判ですからね。

——アンチでしょ。

坂井　完全にアンチですよ。でもそれが全然伝わってないなと思っているんだけど、それは何百万とかもらう仕事のときはそんなことは黙ってやってるからかもなって（笑）。

「怒りの沸点が上がってきている気がしますし、怒るよりも怒られることのほうが多くなってる」

——だけど自分がメイクマネーが得意というか好きな人間だったらどうなっているんだろうとかをふと考えてみたりもして。

坂井　まあ、その時点で俺とは仲良くなってもいないでしょうね。

——えっ、そんな感じ？

坂井　うん。ないでしょ、そんなの。出会ってすらないでしょ。でもパクチーとかと一緒で、金儲けも食わず嫌いなんじゃないですか？　稼がず嫌いなんじゃないですか？

——そこはちょっと知りたいです。

坂井　でも井上さんね、あなたはさっき私にパクチーのことを突いてきたでしょ。返す刀で申し訳ないですし、いただいた電話で恐縮なんですけど、あなたは仕事がいちばんで、お金が儲かる儲からないっていうのは二の次だっていうふうに言うけど、最低限は稼いでるわけでしょ？

——いやいや、そんなことないから。

坂井　あー、聞いてて。金儲けに興味ないって言ってるけど、もう十分だっていう可能性もありますよ。

——あれ、どうしたらいいんだろ。だから、やっぱお金はあとからついてくるっていうか……。

坂井　アッハッハッハ！

——えっ、ここ笑うところ!?（笑）。

坂井　いや、そうなんですよ。お金はあとからついてくるかもしれない。それは俺も十分知っているはずだったけど、いま思わず爆笑しちゃった。

——いやいや、俺もいまになって、ちょっと笑っちゃいましたけど、「いつかお金はあとからついてくる」という流派でやらせてもらっていますよ。

坂井　でもメイクマネーはたしかに嫌ですよね。まあ、仮想通貨もあれは仕事じゃなくて趣味ですよね。

——でもメイクマネーが苦手とか言っちゃってたら、そんなの家族とかまわりが迷惑をこうむっちゃうわけでしょ。

坂井　こうむっちゃうけど、メイクマネーが苦手だって言えないくらいに俺はもう苦手になってるんで。

——えっ、ホントに？

坂井　うん。それでもスーパー・ササダンゴ・マシン業くらいはちゃんとお金になってるけど。マネージャーが取ってくる仕事や、そうでない仕事とかも含めてスーパー・ササダンゴ・マシンだけはこのコロナ禍でもあまり変わらないんだけど、ほかの坂井精機とかプロレスとかは軒並みダメで、そっちの売り上げ自体はドスンと落ちちゃってますからね。だって自分が普段仕事をしているところは、テレビ、金型、プロレスっていうすべてオールドメディアですよ。なのに俺ときたら、ちょっとカネにルーズな気がしますね（笑）。

——あー、むしろ。わかるわかる（笑）。

坂井　いま思ったけど、俺は嫌いなものがそんなになくて、たとえばムカつくヤツとかも年々どんどん減ってきている気がしますね。

——それもなんとなくわかる。

坂井　怒りの沸点が上がってきている気がしますし、どっちかと言うと、怒るよりも怒られることのほうが多くなってくるじゃないですか。

——ウソー!?　もう人から怒られることなんかほとんどなくならない？

坂井　いや、怒られてますねえ。

——それはどんなシチュエーションで？

坂井　「人の話を聞いてない」とか。

——子どもじゃん（笑）。でも、そういうのなら俺もいっぱいあるな。

坂井　「話聞いてないでしょ？」みたいなことか、すぐに自分の話に切り替えるとか。

——あー、あるある（笑）。

坂井　あとは「会話してておもしろくない」みたいなことを言われますよ。

——気もそぞろね。

坂井　だから1日で集中している時間がどんどん減ってきてるような気がしますね。実際に取りかかってしまえば1、2時間で終わるような仕事も、取りかかるまでに丸2日くらいずっとYouTubeを観ちゃう日とかあるじゃないですか（笑）。

——あるある（笑）。

坂井　でも、あの時間って大事らしいっていうか、あれはモノを書くための準備だって言いますもんね。そういう時間に読んでいるマンガとかが血となり肉となるわけですもんね。

——そうだと信じて読んでますよ。

坂井　このページだって、今日もぼんやりとしたことばかり話して進んでしまいましたけど、おっさんふたりのこういうなんてことはない会話のやりとりを読まされる時間も意外と大事かもしれないって話ですからね。

——何かに向かうための準備の時間として（笑）。

坂井　そうです。そういう時間を重要視して大事にしている人生を過ごしている以上は、お金なんて儲けられないんだろうなといま気づいてしまいましたけどね。

KAMINOGE №115

次号 KAMINOGE116 は 2021 年 8 月 5 日（木）発売予定！

世界一の前田日明信者を自称する滑川康仁だが、
付き人時代に前田からの飯の誘いを
断っている姿を何度か目撃したことがある。
思えば世界一早い働き方改革だった。

2021 年 7 月 15 日
初版第 1 刷発行

発行人
後尾和男

制作
玄文社

編集
有限会社ペールワンズ
（『KAMINOGE』編集部）
〒 154-0003
東京都世田谷区上馬 1-33-3
KAMIUMA PLACE 106

WRITE AND WRITE
井上崇宏
堀江ガンツ

編集協力
佐藤篤
村上陽子

デザイン
高梨仁史

表紙デザイン
井口弘史

カメラマン
タイコウクニヨシ
池野慎太郎

編者
KAMINOGE 編集部

発行所
玄文社
［本社］
〒 107-0052
東京都港区高輪 4-8-11-306
［事業所］
東京都新宿区水道町 2-15
新灯ビル
TEL:03-5206-4010
FAX:03-5206-4011

印刷・製本
新灯印刷株式会社

本文用紙：
OK アドニスラフ　W A/T 46.5kg